「他人の目が気になる・こわい」から抜け出す

松本一記
吉永尚紀

SE
SHOEISHA

はじめに――「他人の目が気になる」「視線がこわい」と感じる方へ

他人の目が気になる状態が続くと、緊張の連続で、毎日とても疲れてしまいますよね。学校や仕事に向かうとき、電車やバスのなか、会議に参加するとき、スピーチを頼まれたときなど。そもそも、家を出る前にこういった状況を想像しただけでしんどくなる人もいると思います。もしかしたら、「人と会うのがこわい」と思っている人もいるかもしれません。

そのような方は「社交不安症」という、こころの病気かもしれません。社交不安症は20歳までに発症することが多いです。周りの目が気になっていつも緊張していたり、人との会話がうまくできなかったりします。「でも、これってよくあることだから……」と1人で悩んでいる方もたくさんいます。**「視線がこわい」「周りの目が気になってしまう」というのも、社交不安症の症状のひとつ**です。

「視線が気になってしまう」方のために、この本を執筆しました。私たちは、このような悩みを持つ人の多くが、誰かに頼ることが苦手でも優しいこころを持つ控えめな性格だということを知っています。1人で悩んでいるあなたに、少しでも力になりたいと思っています。

この本では、「他人の視線が気になる・こわい」原因と克服する方法をわかりやすく紹介します。たとえば、次のようなことを説明していきます。

- なぜ「視線が気になる・こわい」状態が続くのか
- どんな方法で改善できるのか
- 実際に克服した人の体験談

「私でも克服できるかも」という希望を持ちながら、一緒に一歩を踏み出しましょう。

この本が、あなたのこころの支えとなりますように。

2024年9月　松本一記

外出前に……

他人の視線が気になりすぎて、出先でパニックになったらどうしよう
また人前で失敗したらどうしよう

帰宅後に……

今日のあの言動はよくなかった気がする
友達を不快にさせてしまったかもしれない

他人がいる場面で……

本書では、社交不安症と診断されていなくても
このような不安感・恐怖心を持っている方に向けて、
克服する方法（認知行動療法）を紹介していきます！

HOW TO USE

本書の使い方

「文字をしっかり読む元気はないけど、内容を知りたい」

POINT

○「社交不安症」とは、社交場面で強い恐怖や不安を感じることを特徴とする精神疾患です。症状のひとつに「視線恐怖」があります。

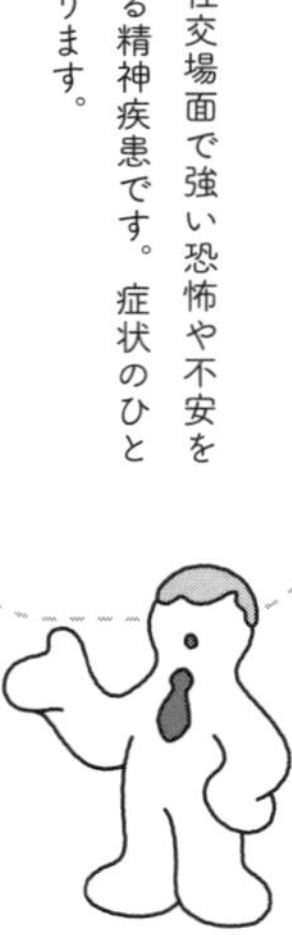

まずは、各節の最後にある「POINT」を読んでみましょう！
気になる内容があれば、「POINT」の前にある文章を読んでみると、詳しく解説しています。

「ほかの人の経験談を読みながら、認知行動療法に取り組みたい」

第3章では、社交不安症・視線恐怖を持つ人向けの認知行動療法をひとつひとつ丁寧に解説していますが、少し難しく感じる方もいらっしゃると思います。そのような方は、第4章の気になるページ（困りごと）から読んでみることをおすすめします。

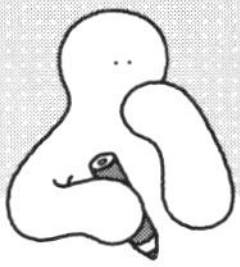

付属シート（206ページ）を活用するとより効果的です！

紙に書き込みながらしていただくワークもあります。第3章では解説に合わせて、第4章では本文内の［やってみよう！〈付属シート〉］のタイミングでワークに取り組むとよいです（ご自身でシートを作成いただいても構いません）。

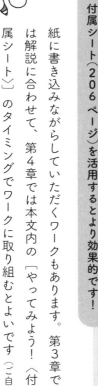

目次

第2章 「視線恐怖」の原因を知ろう 43
「視線がこわい」気持ちがずっと続く 44
「不安持続モデル」を構成するもの 51
社交場面のあとに1人反省会をしてしまう 58
社交場面以外にもつらい時間がある 61

第3章 「視線恐怖」から抜け出そう! 63
視線恐怖から抜け出す方法とは? 64
方法① 認知行動モデルの作成 66
認知行動モデルで「なぜ視線恐怖が続いているのか」「視線恐怖から抜け出すためには何をすべきか・何をしてはいけないか」がわかります。いくつかの質問に答えていくと、視線恐怖が続く仕組みが理解できます。
方法② 安全行動と自己注目の検討 78
他人がいる場面でついついとってしまう行動があると思います(例:目が合わないように下を向く)。その行動が、視線恐怖を和らげるために役立っているのか、逆効果になっているのかを検討します。

方法③　ビデオ・フィードバック　88
「変な人と思われるような言動をしているかも……」と不安な人は、ビデオ・フィードバックを用いて「他人から見える自分の姿」を把握しましょう。悪い自己イメージを修正できます。

方法④　注意シフト・トレーニング　95
社交場面で自分の思考・言動・不安症状ばかりに意識が向いてしまう人は、注意シフト・トレーニングをおこないましょう。少しずつ「環境（見えるもの・聞こえるものなど）」に注意を向けられるようになります。

方法⑤　行動実験　109
「赤面をバカにされるかも」「うまく話せなくて批判されたらどうしよう」など、他人からの扱いや評価・評判を恐れている人は、行動実験を検討してみましょう。恐れている事態が本当に起きるのかを検証できます。

方法⑥　世論調査　120
社交場面での「失敗」を過剰に恐れている場合には、世論調査を試してみるとよいです。他人の考えがわかり、自分の「思い込み」に気づくきっかけにもなります。

方法⑦　リハーサルと1人反省会をやめる　124
外出前に「社交場面での振る舞いをリハーサル」したり、帰宅後「あのときの言動は誰かを不快にさせたかも」と考えたりする人は、本節をとおして外出前後の習慣を見直してみましょう。

方法⑧　社会的トラウマの意味づけを書き換える　132
社交場面で「過去の失敗を思い出してつらい」という人は、社会的トラウマを抱えているかもしれません。過去の失敗を振り返り、過去の自分自身を助ける介入をすることで、社会的トラウマを克服していきましょう。

本書内容に関するお問い合わせについて

このたびは翔泳社の書籍をお買い上げいただき、誠にありがとうございます。
弊社では、読者の皆様からのお問い合わせに適切に対応させていただくため、
以下のガイドラインへのご協力をお願い致しております。
下記項目をお読みいただき、手順に従ってお問い合わせください。

● ご質問される前に

弊社Webサイトの「正誤表」をご参照ください。これまでに判明した
正誤や追加情報を掲載しています。
正誤表　**https://www.shoeisha.co.jp/book/errata/**

● ご質問方法

弊社Webサイトの「書籍に関するお問い合わせ」をご利用ください。
書籍に関するお問い合わせ　**https://www.shoeisha.co.jp/book/qa/**
インターネットをご利用でない場合は、FAXまたは郵便にて、
下記"翔泳社 愛読者サービスセンター"までお問い合わせください。
電話でのご質問は、お受けしておりません。

● 回答について

回答は、ご質問いただいた手段によってご返事申し上げます。ご質問の内容によっては、回答に数日ないしはそれ以上の期間を要する場合があります。

● ご質問に際してのご注意

本書の対象を超えるもの、記述個所を特定されないもの、また読者固有の環境に起因するご質問等にはお答えできませんので、あらかじめご了承ください。

● 郵便物送付先およびFAX番号

送付先住所　〒160-0006　東京都新宿区舟町5
FAX番号　03-5362-3818
宛先　（株）翔泳社　愛読者サービスセンター

※本書に記載されたURL等は予告なく変更される場合があります。
※本書の出版にあたっては正確な記述につとめましたが、著者や出版社などのいずれも、本書の内容に対してなんらかの保証をするものではなく、内容やサンプルに基づくいかなる運用結果に関してもいっさいの責任を負いません。
※本書に記載されている会社名、製品名はそれぞれ各社の商標および登録商標です。

第1章

なぜ他人の視線が気になる・こわいの？

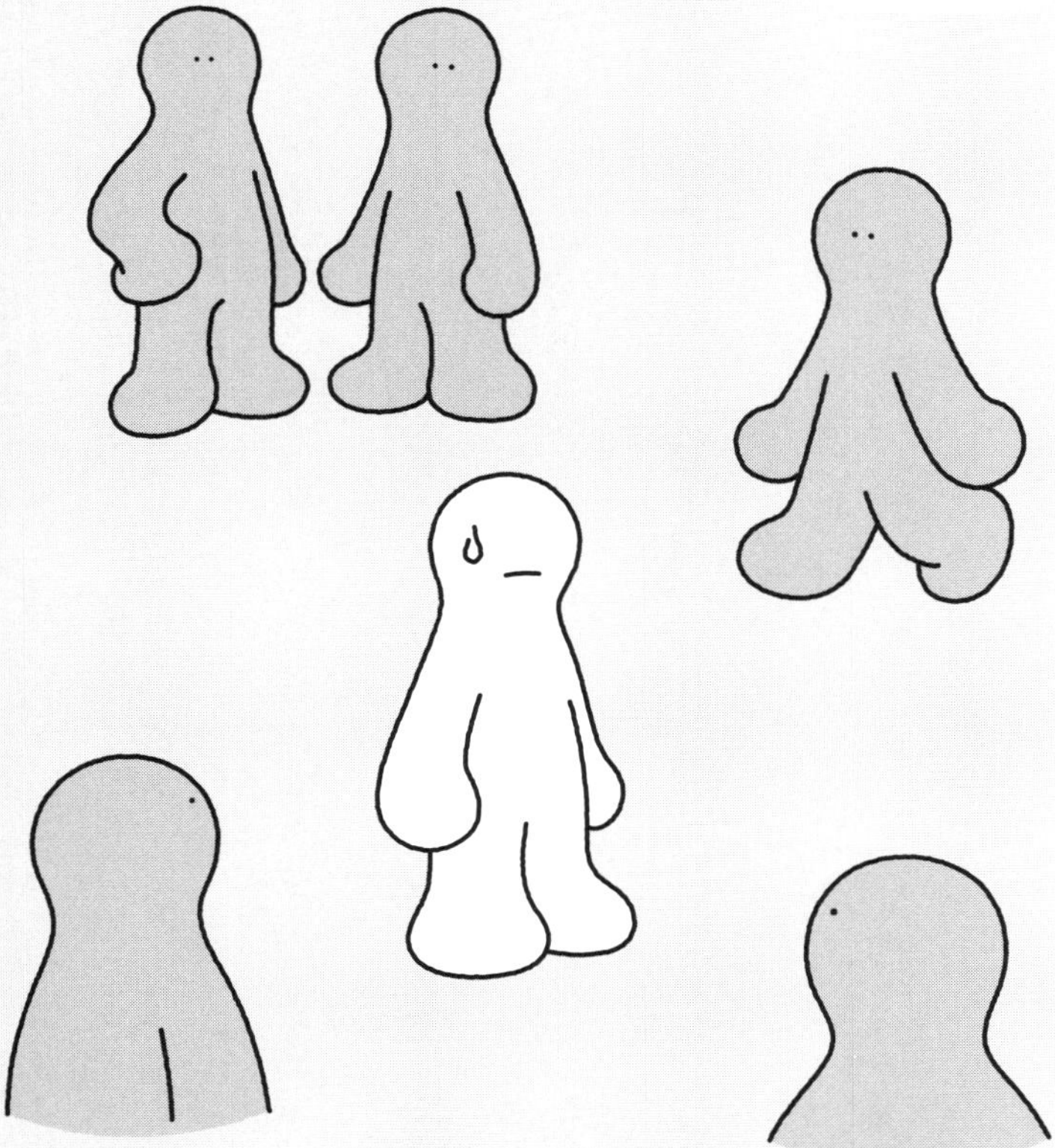

性格の問題ではない！「視線恐怖」というもの

「視線がこわい」って？

日常生活のなかで「他人《ひと》からの視線がこわい」と感じている人はたくさんいます。この**「他人からの視線がこわい」という感情を、本書では「視線恐怖」と呼びます。**

全国の10代後半から40代の男女614名を対象におこなった調査※1では、「人から注目されると思うと怖くなったり、とまどったりする」と答えた人は約半数の283人（46・1%）でした。

若いときに「視線がこわい」と感じる状態が長く続くと、対人関係を築くことが難しくなりますし、長くつきあえる友人や恋人をつくるきっかけを失うかもしれません。読者の方のなかには、すでに仕事や日常生活でストレスを抱えている方もいるでしょう。

他人の目線や自分自身の目つきなどをこわいと感じることは、視線恐怖の特徴です。不安なときには、さまざまなからだとこころの不安症状が出てきたりします（19ページ）。もし何かについて非常に強い恐怖を感じたり、「どうなってしまうのだろう」と考えてしまい、不安症状に長い間悩まされていたりするのであれば「**不安症**」という病気かもしれません。**視線恐怖は、不安症のなかでも社交不安症という精神疾患にあてはまります。**

「不安」が日常に支障をきたしていると黄色信号

不安は誰でも感じるものですし、不安が生じること自体は異常でもなんでもありま

せん。初対面の人と話すときや、上司との面談のとき、大切な取引をするときに、他人の視線に対して神経質になるのはごく自然なことです。

一方で、**いつも視線を気にしたり、誰かが自分のほうを見ていないかと不安に思うことで日常生活に支障が出始めているなら黄色信号**です。また、他人と目が合わないように人が多い場所を避けたりしているのであれば、あなたはきっと強い緊張と恐怖を感じていると思います。

もし、このような状態であれば「軽度の不安症」の可能性があります。不安症は放置せずに、適切な対処をすることが推奨されています。

不安は誰もが感じる基本的な感情ですが、**信頼している人や利害関係のない人にまで恐怖を感じるのであれば、それは問題だといえます。**実際に差し迫った脅威がないにもかかわらず、過剰な不安が発生する『脳のバグ』が生じているのです。

他人の視線がこわいと社交不安症？

社交不安症とは「他人と交流する必要のある場面や自分が注目されるような場面で、強い緊張と不安が生じることを特徴とする精神疾患」です。スピーチやプレゼンをするときに決まって強い緊張や不安があるのであれば、社交不安症かもしれません。

他人と交流する場面（以下、社交場面）で強い恐怖を感じるあまり、他人との交流を避け続けていると、極端な場合引きこもり状態になってしまうこともあります。かなり重症になってから初めて精神科を受診する人が多いことも社交不安症の特徴です。

では、そもそも不安とはなんでしょうか。不安は、一般的には「未来に対する心理的な不確実性や危険に対する感情的な反応」のことをいいます。たとえば「プレゼンが失敗するかもしれない」と思っている人がいるとします。「プレゼンを失敗する」とはなんとも曖昧です。プレゼンテーターが上手に発表していても、聴衆はそもそも興味がないかもしれません。失敗は万事を尽くしても起こりますし、特別な準備をせずとも運がよくて成功することもあります。

自分自身がコントロールできないものを心配することはまったくの無駄ですが、まだ失敗するかどうかわからない不確実な状態だからこそ、不安が生じてしまう人がいるのです。

このような人は、失敗が非常に悪い結果を引き起こすと強く信じる傾向にあります。「プレゼンを失敗したら、上司は自分に失望して評価が下がり最悪の場合クビになる」というふうに考えてしまうのです。

脳は、不安なときに思いついた複数の思考を結びつけ、現実であると判断する特徴がありますから、単に「プレゼンを失敗する」のではなく、「プレゼン失敗＝上司の評価が下がる＝クビ」という思考が不安を生み出してしまうのです。

次に、**不安を感じた際に生じる心理的および身体的反応、感情や行動の変化**について紹介します。

- **心理的反応…**将来の出来事や結果がわからない状況に対してこわいと感じたり、恐ろしい出来事が起きると確信してしまいます。視線恐怖を持つ人は、目線が合うかどうかわからない状況に恐怖を感じ、睨《にら》まれたり冷たい目線を向けられたりすると確信することがあります。

- **身体的反応**…からだの変化は、個人差が大きいです。主な不安症状は、心拍数が増える・呼吸が浅くなる・呼吸のピッチが上がる・筋肉が緊張する・からだや手が震える・声が高くなる・発汗する・頭が真っ白になるなどです。
- **感情の変化**…はっきりと「こわい」「居心地が悪い」と感じることがあります。精神的な苦痛のレベルは高く、その対象を「不快」と感じたり、その対象がある状況にいることが「つらい」と認識したりします。
- **行動の変化**…不安な状況や恐怖を感じる対象から逃れようとする「回避行動」をたびたびとります。一時的に不安は減少しますが、長期的に見ると不安は持続します。
- **社会的な側面への影響**…社交場面で不安を感じると、交流自体が難しくなることがあります。他人への過度な気遣いが生じて相手の話が頭に入ってこなくなったり、自分の振る舞いに自信が持てなくなったりしてしまいます。

不安症は最も身近であり、かつ最も軽視されている精神疾患のひとつです。そのなかでも社交不安症は特に発症する人が多く、全人口の13人に1人は一生のうちに診断を受ける可能性があるといわれています。

「日常生活で困ることはあまりないけれど、視線恐怖がなければもっとパフォーマンスを発揮できる」「もう少しリラックスして生活をおくることができる」という方は、社交不安症と診断されないレベルの「社交不安」を持っているといえるでしょう。

POINT

○「社交不安症」とは、社交場面で強い恐怖や不安を感じることを特徴とする精神疾患です。症状のひとつに「視線恐怖」があります。

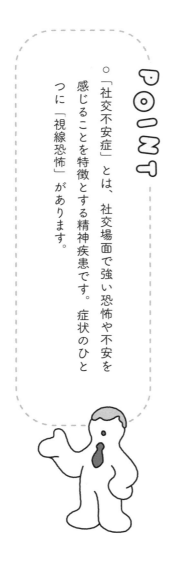

「視線恐怖」は社交不安症の症状のひとつ

社交不安症はどのように診断される？

　社交不安症は、社交場面や人前に出る状況になると恐怖と不安があらわれることが特徴的なこころの病気です。精神科医の診察で、次のすべてがあてはまる場合に社交不安症の診断が検討されます※2。

- 6か月以上にわたり、1つまたは複数の社交場面で強い恐怖や不安が見られる
- 苦手な状況ではほとんどいつも社交不安が生じる

・他人に否定的な評価をされることに恐怖を感じる
・感じている不安や恐怖が実際の危機と釣り合っていない
・社交場面を避けるようになったり、居心地悪く感じながら耐えている
・重大な苦痛もしくは日常生活に大きな支障がある

社交場面で不安や緊張を感じることはよくあります。一方で、社交不安症の場合は、恐怖から19ページのようなさまざまな不安症状が出てきます。**これらの症状によって日常生活に明らかな支障が出て、そういった状態が6か月以上続くことが社交不安症の特徴**です。

社会人の場合、繁忙期で残業が続いたり、仕事のトラブルでストレスを抱えたりして、一時的に他人の視線がこわいと感じるときは、おそらく社交不安症とは診断されないと思います。

人見知り・内気な性格と社交不安症は違うの？

社交不安症は、内気な性格とも異なります。内気とは、社会的に控え目な性格のことで、謙遜したり目上の人に従順だったり遠慮したりする行動形式として表現されます。

しかし、**内気な人は、他人との交流に支障が出ることはありません。**内気な性格だと自覚していても、友人がいたり、家族と仲良く過ごしたりしていて、不安が仕事の邪魔になることはありません。アメリカの調査※3では、自分の性格を「内気だ」と感じている人のうち、社交不安症の診断基準を満たすのは18％で、大部分は満たしていませんでした。

さて、ここで話を戻しましょう。

視線恐怖を持つ人が、必ずしも社交不安症とは限りません。しかし確実にいえることは、**社交場面で強い緊張や不安を感じているのであれば、程度に個人差はあるものの、あなたに「社交不安」は存在している**ということです。

視線恐怖以外の社交不安症の症状

視線恐怖のほかにも、さまざまな症状があります。これらは、社交場面で不安を継続的に感じ、自らの振る舞いや存在を批判されるかもしれないという予想から、さまざまな行動がとられる点で共通しています。

- **振戦《しんせん》恐怖**：人前で震えることがこわい。
- **書字恐怖**：人前で文字を書いたり、文章を作成するところを見られるのがこわい。
- **赤面恐怖**：人前で顔が赤くなってしまうことがこわい。
- **発汗恐怖**：人前で汗をかくことが不安、心配。
- **電話恐怖**：「電話にうまく対応できなかったらどうしよう」と不安に思う。
- **そのほか**：スピーチ恐怖・プレゼン恐怖・会議恐怖などがあります。

POINT

○社交不安症は、内気な性格でも人見知りでもありません。

○社交場面で強い緊張や不安を感じているのであれば、程度に個人差はあるものの、あなたに「社交不安」は存在しているといえます。

○視線恐怖以外の社交不安症の症状については、右ページをご覧ください。

周りが自分に対してどう反応しているのかわからない

視線が自分に集まらないように行動してしまう

恐怖を感じる対象から逃れようとしたり、原因をどうにかして解決しようとしたりすることは、こころの動きとしてとても自然です。視線恐怖を持っている人は、視線が自分に集まらないように大人しくしたり、目立たないように行動したり、自分なりの意見を発言しないようにしたりする傾向があります。

視線が自分に集まらないようにするための行動は、一時的には安心を生み出しますが、長く見ると視線恐怖の悪化につながります。

【経験談1】

ママ友からの視線に悩んでいた太田さん（仮名）

太田さん（30代後半の女性）は、夫と2人の子どもたちと暮らしていました。彼女はもともと明るく、友人と交流することが好きでした。

ある日、長女が通っている幼稚園で、ある保護者に自分の子どもに関する嫌味をいわれたことで「ママ友からの視線がこわい」と感じるようになりました。

その後、長男が野球のクラブチームに入りました。できるだけほかの保護者との交流は避けたかったのですが、長男のために不安や恐怖を感じながらも送り迎えなどを続けていました。ほかの保護者がそばにきたり、挨拶をしてきたりするときには、決まって次のことが頭に浮かびました。

- みんなが私を見ているような気がする
- 息子の母親が「変な人だ」と思われたらどうしよう
- もし話しかけられたら、なんて答えたらいいかわからない
- 対応を失敗したら取り返しがつかない気がしてこわい

また、このような考えから、次のような行動をとるようになりました。

- スマホを見ることで、話しかけづらい雰囲気をつくる
- 挨拶をされたときは、できるだけ目を合わせない
- 打ち上げや親睦会はできるだけ参加せず、参加しないといけないときには料理や食器洗いを担当する

【太田さんの経験からわかること】

太田さんの場合は、長男をクラブチームへ送り迎えするときに「みんなが私を見ている」「失敗したら変な人だと思われる」という考えが出てきても、子どものために無理をしながら動いていたことがわかります。

最終的に太田さんは視線恐怖を克服することができました。スマホを見ることをやめて、思い切って周りに挨拶するようにしてみました。すると「周りの人はそれほど自分のことを見ていない」「挨拶が思ったようにできなくても周りは案外そのことに気づかない」ことがわかったそうです。

太田さんの経験から「**視線を集めないようにすることに集中していたため、本当の**

ところどれくらいの割合の人が自分を見ているのかわからなくなってしまった」ことがわかります。これは専門的には「注意の偏りがある」と表現します。

そもそも注意とは意識に方向性を持たせることで、**不安や緊張を感じると、人は無意識に「自分の想定する最悪の事態」や「自分の不安症状そのもの」に注目**してしまいます。

その一方で、他人との交流を避けていては、いつまでたっても他人がどのような反応をしているのか、真実を知ることができません。太田さんのように、勇気を出して「ありのまま」「素の自分のまま」で過ごしてみることが、視線恐怖から抜け出す1歩となります。本書では、この1歩を踏み出すための方法を紹介していきます。

否定的な考えは不安と結びつくと本当のことのように感じてしまいます。太田さんがなんとかしようと思い行動していたことは、不幸なことに逆効果になっていました。

「不安」は「自分にとっての脅威」を見つける役割を持つ

社交不安症は治療することで、かなりの割合で視線恐怖を改善させることができます。治療法について知る前に、不安を感じているとき人の脳ではどのようなことが起きているのかを理解しておきましょう。

「こわい」という感情は、ストレスの多い状況で感じられるとても一般的で正常な感情です。「こわい」という感情には、不安と恐怖が関連しています。

恐怖は目の前の差し迫った脅威に対する反応であり、脅威がなくなればすぐに鎮まります。それに対し、**不安は不確実な脅威に対する反応で、長く続く傾向にあります。**

社交不安症の治療方法って？

社交不安症の治療は、薬物療法（選択的セロトニン再取り込み阻害薬）や、認知行動療法（認知と行動に焦点を当てる精神療法）が中心となります。

社交不安症の認知行動療法は、一般的に治療者（医師・看護師・心理師など）と患者さんが対面で週1回50〜60分のセッションをおこない、1人ひとりの認知と行動を丁寧に整理し、社交場面での不安にうまく対応するためのスキルを身につけていきます。

ただし、このような専門的な治療技術を提供できる医療施設は限られています。そのため、本書では**1人でできる認知行動療法を丁寧に説明していきます。**

1人でおこなえる認知行動療法（セルフヘルプ認知行動療法）

最近は、書籍やウェブサイトに認知行動療法にもとづいた自助プログラムを落とし込んで使う「セルフヘルプ認知行動療法」の研究が進んでいます。著者の吉永※4と松本※5がそれぞれおこなった研究でも、セルフヘルプ認知行動療法の有効性がみられました。

もちろん、**病院に通院している社交不安症の方にも有効**です。

POINT

○他人の視線を避けるように行動していると、「周りの人は意外と自分のことを見ていない」「理想どおりに行動できなくても、周りの人は案外気にしていない」ことに気づけなくなります。

○社交不安症や視線恐怖においては、1人でできる認知行動療法でも治療効果がみられる可能性は高いとされています。本書では、できる限り1人でおこなえる認知行動療法を紹介します。

社交不安症と似ている「対人恐怖症」

対人恐怖症とは？

視線恐怖または社交不安症に近いものに「対人恐怖症」があります。似ている症状もありますが、社交不安症は「不安を抱き、なんらかの行動で自分が恥をかくことを恐れる」というように自己主体性が強い特徴があります。対人恐怖症は「不安を抱き、その後なんらかの失敗をした場合に、他人を不快にさせてしまうのではないか」と他人の感情を主体とする点が大きく異なるといわれています。

このような**社交場面における「加害恐怖感」**（**誰かを不快にさせてしまうかもしれない、という恐怖心**）は、日本人で社交不安症を持つ人にもよくある感情ですが、対人恐怖症の特徴のひとつといわれています※6。

対人恐怖症の人がよく持つ加害恐怖感として「自分の視線が他人を不快にさせるかもしれないと過剰に不安に思う状態（自己視線恐怖）」があります。特に日本では、集団内での調和を守ることが美徳とされるため、社交場面では、周りにうまく合わせられているかどうかを意識しがちです。

社交不安症であっても対人恐怖症であっても、これから紹介する精神療法が症状の改善に役立つといわれています。

POINT

○対人恐怖症は「加害恐怖感」が強く「自分の視線が他人を不快にさせているかもしれない」と過剰に不安に思う傾向があります。

○社交不安症（視線恐怖）・対人恐怖症、どちらであっても、本書の内容は症状改善に役立ちます。

自分の症状は軽度？重度？

知りたくない人などは読み飛ばしてもOK

本節では、自分の社交不安の症状の度合いを測ることができます。ただし「知りたくない」「より不安になりそうでこわい」という方は、本節を読み飛ばしていただいても構いません。

社交不安症の重症度を測る　①視線に関する不快感情尺度（39ページ）

この尺度は、視線恐怖の重症度を測定するために開発されたもの※7です。39ページの一番左の列のアルファベットは、P（Phobiar, 恐怖）、A（Anxiety, 不安）、I（irritation, イライラ）因子を表しています。P尺度とA尺度の合計スコア16点が一般的な大学生の平均点です。20点を超えるようなら平均よりも高いレベルの視線恐怖がある可能性が高いです。I尺度の合計スコアが20点を超えるようなら、視線に対して平均よりもイライラを感じている可能性が高いといえます。

社交不安症の重症度を測る　②SPS・SIAS（40～41ページ）

SPSとSIASは、社交不安の重症度を測定するために開発された心理検査です。**SPSは人前でのパフォーマンス状況に対する恐怖について、SIASは会話や人つきあいのような社交場面に対する恐怖を測定**します。どちらも信頼できるよい心理尺度※8で、日本人でも妥当性が実証※9されています。

ＳＰＳとＳＩＡＳのそれぞれの合計スコアは80点が最高点であり、**得点が高いほど社交不安が重症である**ことを意味しています。ＳＰＳの平均点は、男性20・16点、女性18・52点です。男性は48点以上、女性は40点以上なら、社交場面にかなり高い不安を持っていることになります。

ＳＩＡＳの平均点は、男性29・78点、女性30・29点です。ＳＩＡＳの合計点が、男性で60点以上、女性は56点以上なら、他人との交流にかなり高いレベルの不安を持っていることになります。ＳＰＳやＳＩＡＳの合計スコアが、平均をわずかに上回っているくらいなら、日常生活での問題はほとんどないと思われます。ですが、**両方の得点が各50点以上の人は、社交場面で不安が強く、困ることも多いかと思われます。**

視線に関する不快感情尺度

あなたの普段の生活を振り返って最も当てはまるものを選んでください。

		全く当てはまらない	少し当てはまる	いくぶん当てはまる	とても当てはまる	非常に当てはまる
1A	授業や講習会などに遅刻して部屋に入った際，その部屋にいる人の視線に対して，不快に感じる	0	1	2	3	4
2A	いつもと異なる髪型をしてみて外を歩いたとき，他者の視線に対して，不快に感じる	0	1	2	3	4
3A	２人で話しているのに沈黙になったとき，相手の視線に対して，不快に感じる	0	1	2	3	4
4A	同年代の人と話すとき，相手の視線に対して，不快に感じる	0	1	2	3	4
5P	自分の失敗で他者から怒られるとき，相手の視線に対して，不快に感じる	0	1	2	3	4
6P	理不尽な理由で，一方的に他者から怒られるとき，相手の視線に対して，不快に感じる	0	1	2	3	4
7P	見た目がこわい人と目が合ったとき，その視線に対して，不快に感じる	0	1	2	3	4
8I	数人のグループが話しながらちらちらと自分を見てくる視線に対して，不快に感じる	0	1	2	3	4
9I	知らない人が、ちらちら自分を見てくる視線に対して、不快に感じる	0	1	2	3	4
10I	道端で話しているグループの人と目が合ったときに，不快に感じる	0	1	2	3	4
11I	自分の動きを監視するような目で見てくる人の視線に対して，不快に感じる	0	1	2	3	4
12I	前を歩いている人が自分の方を何度も見てくるときに，不快に感じる	0	1	2	3	4
13I	すれ違いざまに自分の方を見られたときに，不快に感じる	0	1	2	3	4
14A	人に見られながら字を書くとき，不快に感じる	0	1	2	3	4

※山内裕斗，小野史典『視線に関する不快感情尺度の作成，及びメタ認知との関連』（https://www.jstage.jst.go.jp/article/stresskagakukenkyu/34/0/34_2019011/_article/-char/ja/）より著者改変

SPS（The Social Phobia Scale）

以下に20項目の質問があります。
各項目をよく読んで、あなたにあてはまるところに○をつけて下さい。

		まったくあてはまらない	少しあてはまる	ある程度あてはまる	かなりあてはまる	非常にあてはまる
1	人前で文字を書かなければならない時、不安になる	0	1	2	3	4
2	公衆トイレを使う時、自意識過剰になる	0	1	2	3	4
3	自分の声や、自分の話を聞いている人の存在に突然気づくことがある	0	1	2	3	4
4	道を歩いている時、人が自分をじっと見ていると思い、緊張する	0	1	2	3	4
5	人といる時、赤面するのではないかと怖くなる	0	1	2	3	4
6	他の人達がすでに着席している部屋に入る時、自意識過剰になる	0	1	2	3	4
7	他の人に見られている時、震えてしまうのではないかと心配になる	0	1	2	3	4
8	バスや電車で人と向かい合わせに座ったら、緊張する	0	1	2	3	4
9	人が自分のことをふらついているとか，病気であると思っているかもしれないと考えパニックになる	0	1	2	3	4
10	たくさんの人と一緒にいる時は、飲み物を飲みにくいと思う	0	1	2	3	4
11	レストランで知らない人と食事をする時は、自意識過剰になる	0	1	2	3	4
12	人が自分の行動を奇妙だと思うのではないかと心配する	0	1	2	3	4
13	混雑した食堂でトレイを運ぶとしたら、緊張するだろう	0	1	2	3	4
14	人前で自分をコントロールできなくなるのではないかと心配する	0	1	2	3	4
15	人の注目を浴びるようなことをしてしまうのではないかと心配する	0	1	2	3	4
16	エレベーターに乗っている時、人が自分を見ているのではないかと緊張する	0	1	2	3	4
17	列に並んでいる時、目立っていると感じることがある	0	1	2	3	4
18	人前で話す時、緊張する	0	1	2	3	4
19	人前で頭が上下左右に揺れるかもしれないと心配する	0	1	2	3	4
20	人が自分を見ていることがわかると、ぎこちなくなったり緊張したりする	0	1	2	3	4

出典：金井嘉宏，笹川智子，陳峻雯，鈴木伸一，嶋田洋徳，坂野雄二『Social Phobia Scale と Social Interaction Anxiety Scale 日本語版の開発』（心身医学，2004年）

SIAS（The Social Interaction Anxiety Scale）

以下に 20 項目の質問があります。
各項目をよく読んで、あなたにあてはまるところに○をつけて下さい。

		全くあてはまらない	少しあてはまる	ある程度あてはまる	かなりあてはまる	非常にあてはまる
1	目上の人(先生、上司など)と話さなければならない時、緊張する	0	1	2	3	4
2	人と目を合わせるのは難しい	0	1	2	3	4
3	自分のことや自分の気持ちについて話す時、緊張する	0	1	2	3	4
4	同僚とうまくやっていくのは難しいと感じる	0	1	2	3	4
5	同年代の人と友達になるのはたやすい	0	1	2	3	4
6	道で知り合いに会うと緊張する	0	1	2	3	4
7	社交的に人とつきあうのは苦痛である	0	1	2	3	4
8	誰かと2人っきりになると緊張する	0	1	2	3	4
9	パーティーなどで人と会うのは平気だ	0	1	2	3	4
10	人と話すのは難しい	0	1	2	3	4
11	話題を見つけるのはたやすい	0	1	2	3	4
12	自分を表現するとき、ぎこちないと思われるのではないかと心配する	0	1	2	3	4
13	人の意見に反対するのは難しい	0	1	2	3	4
14	魅力的な異性と話すのは難しい	0	1	2	3	4
15	人前で何を話したらよいのかわからないと心配する	0	1	2	3	4
16	よく知らないと人とつきあうのは緊張する	0	1	2	3	4
17	話をしている時、恥ずかしいことを言っているのではないかと感じる	0	1	2	3	4
18	集団でいる時、自分は無視されているのではないかと心配する	0	1	2	3	4
19	集団でつきあうのは緊張する	0	1	2	3	4
20	あまり知らない人に会った時、あいさつするかどうか迷う	0	1	2	3	4

出典：金井嘉宏，笹川智子，陳峻雯，鈴木伸一，嶋田洋徳，坂野雄二『Social Phobia Scale と Social Interaction Anxiety Scale 日本語版の開発』（心身医学，2004年）

POINT

- ○本節で紹介してきた「視線に関する不快感情尺度」や、「SPS・SIAS」を用いて、自分の社交不安の程度を測ってみましょう。
- ○「視線に関する不快感情尺度」において、P尺度とA尺度の合計スコアが20点以上であれば平均よりも視線恐怖のレベルが高い可能性があります。
- ○「SPS・SIAS」において、それぞれ50点以上である場合は、社交場面で不安が強く、困ることも多いと思われます。

第2章

「視線恐怖」の原因を知ろう

「視線がこわい」気持ちがずっと続く

不安な気持ちが、ネガティブな考えに

視線恐怖を持っている人は、**誰かが自分のことをじっと見てきたり、不意に誰かと目が合ったりするかもしれない状況で症状が出てきます。**

たとえば、オフィスに入ろうとドアノブに手をかけたときに、「楽しく話している会社の人たちが自分のほうをふっと見て、おかしいと思ってくるかもしれない。また、上手に挨拶できず、しどろもどろになったら気まずい思いをすることになるだろう」

と思ったとしましょう。落ち着いているときなら「この考えはおかしい」とすぐに気づけると思います。まず、出社時に会社の人たちが楽しく会話しているかどうかは不確かです。それに、もし楽しく話しているのであれば部屋に入ってきた自分に気づかない可能性もあります。

しかし、不安を感じているときに合理的な判断ができる人は稀《まれ》です。前述の人は**「自分が不安を感じる状況」を想像し、「このあとその状況に遭遇する」と確信してしまっています。**

人は不確かな未来を想像するときに、現在の感情などを参照するため、このように考えてしまうのは仕方がありません。ただし、社交場面とその状況の自分自身を否定的に（ネガティブに）解釈すると、大きな不安を生み出してしまいます。

視線恐怖から抜け出せない人は、この否定的な解釈がきっかけとなって「不安持続モデル」が働いてしまっているのです。**「社交場面に対する不安が続く」ことを本書では「不安持続モデル」と呼びます。**

視線恐怖のきっかけ

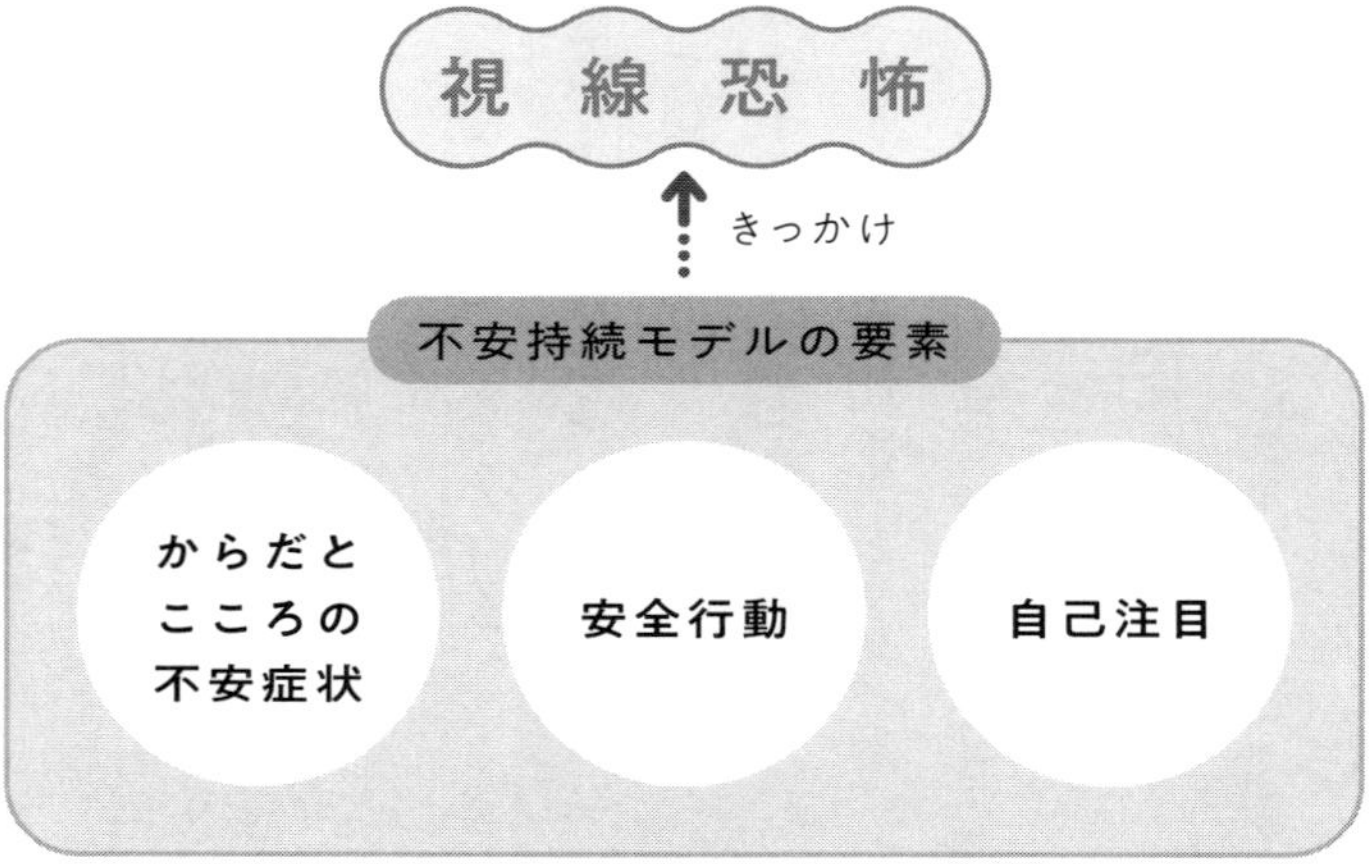

この章では、**不安持続モデルを構成する3つの要素「からだとこころの不安症状」「安全行動」「自己注目」**※1について説明していきます。これらは視線恐怖のきっかけでもあります。

この段階で難しく感じる方もいると思いますが、そういった方は、**経験談や節最後にある各POINTなどを中心に読み進めてみてもよい**です。

社交場面への恐怖心が自然と出てくる

「不安持続モデル」の前に「自動思考」を説明します。私たち人間の脳は、考える必要のないことまで考えてしまいます。

たとえば、「最近運動してないな」「月曜日は気が重いな〜」「誰かこっちを見てくるかな」といったものです。こういった考えは、**勝手に頭のなかに浮かんでは消えていく性質を持っていることから「自動思考」**と呼ばれています。

ほとんどの自動思考は無害です。仕事中に「お腹すいたな」と思ったところで、それが大きな害になることはないでしょう。しかし、自分が苦手だなと思っている場面で出てくる自動思考は、潜在的な脅威（たとえば、じろじろ見られて赤面する）を引き起こし、恐怖心や不安症状に意識を向けてしまうことがあるのです。

そして、社交不安症の人は**曖昧な社交場面を「非常に差し迫った脅威である」と解釈しやすい**ことがわかっています※2。たとえば、上司がこちらを見ていることに気づいたとき「何か自分がやらかしてしまったのでは？」と考えてしまうなどです。

【経験談2】

上司からの何気ない一言で視線恐怖を持つようになった田辺さん（仮名）

田辺さんは20代前半の会社員で、食品メーカーに勤務しています。新卒で入社し、今年で4年目の若手会社員です。1年目から3年目までは営業部に、4年目からは製品開発部に所属しています。田辺さんは、真面目で謙虚な人と評価されていて、同期との関係はよく、先輩にも可愛がられていました。

田辺さんには誰にもいえない悩みがあります。それは「オフィス内を歩いたり、上司に話しかけたりすることがこわい」ことです。オフィスで自分の仕事をしているときは問題ないのですが、上司に仕事の報告をしたり、会議で発言したりすることがとてもこわいのです。

いままではなかったのですが、昨年営業部の上司にお酒の席で「田辺は目つきが鋭くてこわいときがあるよね」といわれたことがきっかけでした。この上司のことは信頼していたため、軽々と受け流すことができず頭が真っ白になりました。そして、だんだんと「自分の視線が他人に不快感を与えているのではないか」という考えにとらわれるようになりました。やがて、「自分に向けられる視線」さえも恐ろしく感じるようになってしまったのです。

田辺さんは「同僚や上司の視線に動揺してしまいます。これじゃいけないと思って、視線を感じた先を見ようとしたこともあります。それでも汗が出たり、震えが出たりするので、ますます自分は変じゃないかと心配になり、結局相手を見ることができないでいます」と話していました。

田辺さんに「人と目が合うことで起きると考える最悪の事態」を聞くと、次のようなことを挙げてくれました。

- 自分の視線で誰かに不快感を与えてしまうかもしれない
- 目が合ったのに挨拶もされないかもしれない
- 冷たくされたら、きっとその人は自分に好意的ではないのだと思う
- 会社で好意的に扱われなければ、その後の仕事もうまくいくはずがない
- 仕事がうまくいかなければ、最終的にクビになってしまう気がする
- 自分の気持ちをうまくコントロールできない自分を無価値だと思ってしまう

田辺さんの経験からわかること

視線恐怖がある状況と自分自身の両方を否定的に解釈していて、直感的に危険であると判断していることがわかります。他人と目が合うことでさえ危険とみなしているわけですから、うまくやろうとするのは仕方のないことです。しかし、このような考えや判断は、視線恐怖をますます悪化させていってしまいます。

POINT

○社交不安症の人は「社交場面でひどい失敗をする」と信じがちです。
○誰かからの「何気ない一言」が不安のきっかけになることもあります。

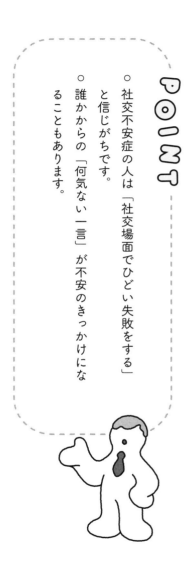

「不安持続モデル」を構成するもの

① からだとこころの不安症状

まず1つ目に、不安症状そのものがあります。不安症状には、身体的なもの（からだ）と認知的なもの（こころ）があります。

からだの不安症状には、動悸《どうき》（心臓がドキドキする）・筋肉がこわばる・赤面・身震い・冷や汗・胸が締めつけられる・息苦しくなるなどがあります。こころの不安症状には、集中することが難しくなる・頭が真っ白になる・「自信がない」「どうしようもない」と悲観的になってしまうなどがあります。

このような、**からだとこころの不安症状が出てくることで、他人と会うような場面で冷静でいることが難しくなります。「いつもの自分ではない」という不利な状況で他人と関わらないといけなくなります。**

先ほどの例の田辺さんは視線を感じると動揺し（からだの不安症状）、「自分は変じゃないか」という考えばかり気になり（自己注目）、発汗したり震え（からだの不安症状）が出てしまっていました。

不安症状は、からだにもこころにも感じる不快な状態です。そして人間は、**自分が脅威だと感じるものを回避したり、心身の不快な状態を解消する目的で、さまざまな「安全行動」をとる**ようになっています。

② 安全行動

一般的に、社交場面などを否定的に解釈してしまう人は、「からだとこころの不安症状」をたくさん感じています。不安症状が大きい場合、社交スキルのパフォーマンスは低下するため、視線恐怖を感じた段階でどうにか不安症状から逃れようとします。しかし、うまく逃れることができないこともあるでしょう。

そのようなときには、恐れている事態が起きないように対処行動を起こします。これを「安全行動」と呼びます。たとえば、**目が合わないように顔を背ける・下を向く・目立たないようにする・注意をひかないようにする**などです。

こういった安全行動をとる背景には、「特別目立ったり発言したりしなければ、他人と目が合うこともないだろう」「目が合わなければ、嫌な展開になることもない」という思いがあります。

こうみると、安全行動は合理的に思えます。しかし、実はここに大きな罠《わな》があるのです。

安全行動は「社交場面が危険だ」「視線恐怖はどうしようもできない」などと強く思うきっかけにもなるのです。そして、その後社交場面でもそのような考えが強くなっていき、不安症状も強くなってしまうのです。

CHECK LIST

社交場面で多くとられる安全行動です。
どれくらいあてはまるか確認してみましょう。

- □ アイコンタクトを避ける
- □ 目が合わないように下を向く
- □ 分厚いレンズのメガネをかける
- □ 目立たないようにする
- □ 発言しないようにする
- □ 相手の話を聞くことに徹する
- □ 発言するときに内容を確認しながら話す
- □ 自分の意見をいわないようにする
- □ 会話中ずっと黙っている
- □ 会話で笑顔を絶やさない
- □ オチのない話はしないようにする
- □ 話しかけるときにタイミングを見計らう
- □ 話題の細部を聞き逃さないように細心の注意を払う

③ 自己注目

不安持続モデルの3つ目の要素は、注意が内部情報に向きすぎる現象「自己注目」です。ここでの「注意」は、何かに意識を向けることを意味します。

視線恐怖を持つ人や社交不安症の人は、社交場面で「自分がおかしくないかどうか」「人からどう見えるのだろうか」を過剰に考えてしまいます。

このような状態は、一般的な言葉だと「**自意識過剰**」ともいいます。意識が自分自身に向くので、外部からの情報が入ってこず、自分の感情・思考・自己イメージ・記憶などを使って自分を評価することになってしまうのです※3※4。

「不安だ」(感情)、「どうしようもない、不快かもしれない」(思考)、「周りから見ると自分はおかしいだろう」(自己イメージ)、「目つきが悪いといわれた経験」(記憶)から、「自分の印象は最悪だ」と判断してしまいます。

田辺さんの認知行動モデル

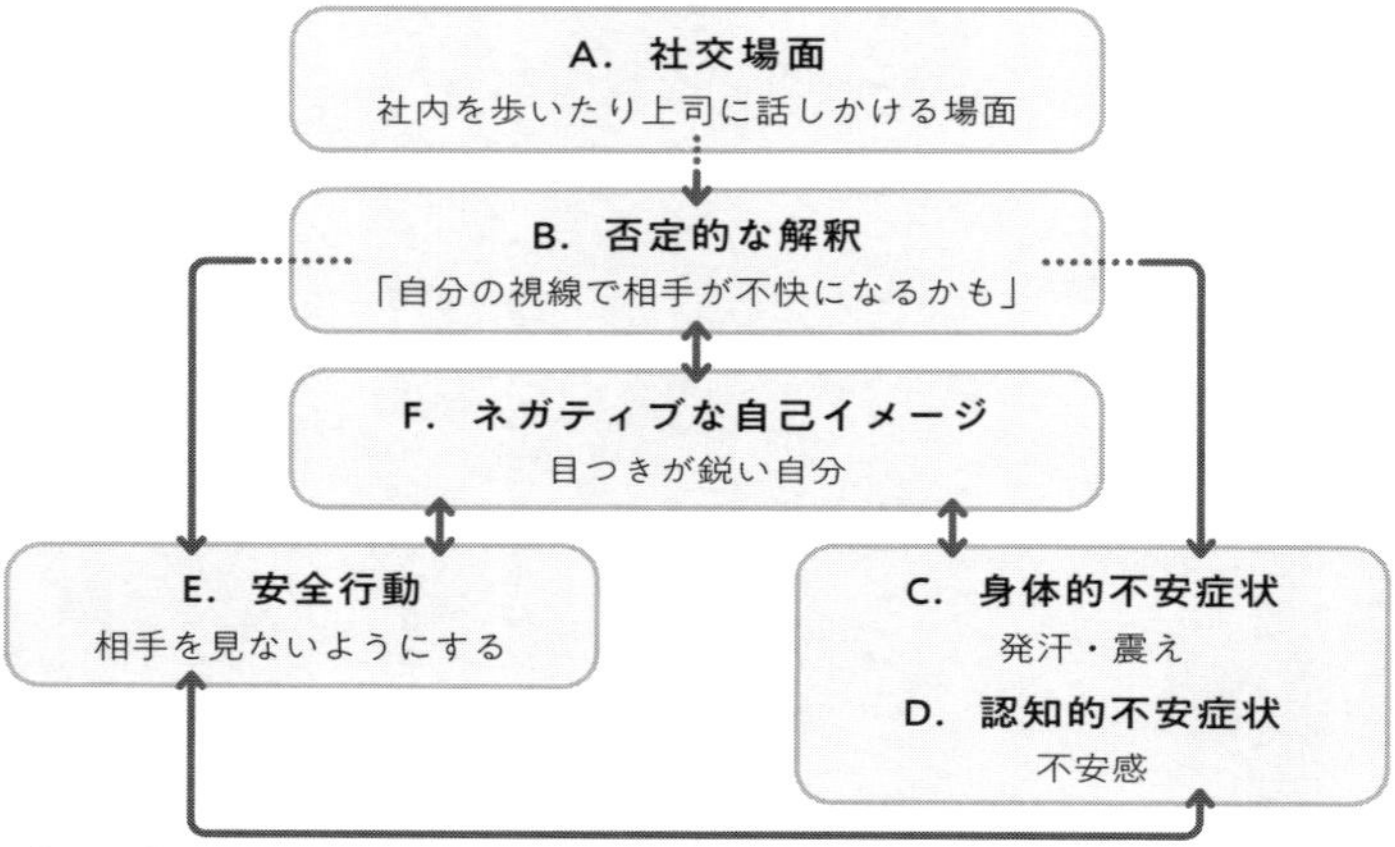

※「認知行動モデル」については第3章で解説します

ここで、改めて田辺さんの経験談をもとに、視線恐怖を感じる状況を整理してみましょう。

視線を感じる場面で、田辺さんは「自分の視線が相手に不快感を与えるだろう」という考えを持っていました。そのため、目を合わせないようにさまざまな工夫をしていました。

そのとき、注意（意識の向き）は、否定的な解釈・不安症状・安全行動という『自分自身の内面』に向けられます。

そうなると、社交場面で本来の社交スキルを発揮できないばかりか、他人のよい反応を見逃してしまい、否定的な解釈が上書きされず、ネガティブな自己イメージのまま社交場面の記憶が脳に残ってしまうのです。

POINT

○社交場面で不安が続く要因には「①不安症状」「②安全行動」「③自己注目」があります。

○社交場面で不安症状・安全行動・自己注目が出てくると、相手の本当の反応を見ることができず、不安や視線恐怖が続いてしまいます。

社交場面のあとに1人反省会をしてしまう

過去の感情や感覚が不安につながる

不安を抱えている人は、自分の過去と将来についてぐるぐると考えをめぐらせることがよくあります。このような行為は、**過去にうまくいかなかった経験を思い出させ、恥ずかしさや屈辱といった「そのとき感じていた気持ち」も再現してしまいます。**なぜなら、記憶には感情・思考・感覚などもふくまれているからです。

そして、これまでの失敗経験から自動的に「将来同じような状況のときも、また失敗するだろう」と確信し、まだ直面していないのに心配してしまうのです。しかし、大抵の人は途中から「ぐるぐる考え込んでしまっている！　これはよくない！」と気づくことができます。

不安を解消しようと1人反省会をしてしまう

このサイクルから抜け出す方法を端的にお伝えするのであれば、「過剰に考え込むのはやめて、すぐに気分転換をしましょう」です。そのほうが、不安に苦しめられる時間は短くなります。「それくらいすでにわかっている」という方もいますが、それでも抜け出せない方は多いです。なぜなら**「不安を解消するために考え込むことで、不安の根本を解消しようとしている」**からです。

普段の人間関係のなかで、「あなたのプレゼンはよかったね」「挨拶が爽やかでかっこいいね」「さっきの振る舞いはあまりよくないよ」などとフィードバックを直接受ける機会は決して多くありません。そのため、**社交不安症の人は、人と関わったあとに「あの反応で大丈夫だったかな」と考えてしまう**（**1人反省会をしてしまう**）のです。

そして、あとから考えたときに「あの反応はよくなかった気がする」と、**不適切だった可能性を見つけてしまい、結果としてネガティブな自分のイメージが悪化**していき、社交場面への苦手意識が高まってしまうのです。

実際に人前で失敗をしていなくても、想像のなかでは失敗したことになっているので、この誤った記憶をもとに「自分の社交スキルは低い・自分はまた失敗する」と強く思ってしまいます。

POINT

○今日の出来事や社交場面での行動などをついつい振り返ってしまうと思いますが、自分の反省点ばかりに意識がいくと、なかなか不安のサイクルから抜け出せません。

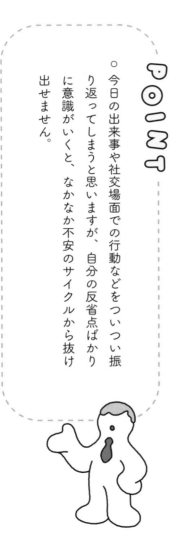

社交場面以外にもつらい時間がある

状況を想像するだけでしんどい人も

ここまで、社交場面で不安が続く仕組みについて説明してきました。一方で、**視線恐怖を持つ人や社交不安症の人は、人と接する場面以外でもかなりの割合で悩んでいます。**というのも、アイコンタクトをしている状況や他人と関わる状況を頭に思い浮かべただけでも苦しい人がいるのです。

このような人は、「このあと起きる可能性のある最悪の事態」をとてもリアルにイメージしてしまいます。このときにイメージされるのは、かつて体験してこころの傷となっているこころない言葉や、ひどい扱いを受けるまでのエピソード、惨めでつらい体験に耐えながらもどうしようもなかった自分自身だったりします[※5]。こうなってしまうと、こころはここにあらずの状態となり、とてもつらい仮想現実（イメージ）に没頭してしまうのです。

POINT

○社交場面に苦手意識や恐怖心を持っている人のなかには、社交場面に出向く前や帰宅後などもつらい時間が続く人がいます。こういった人も、このあと紹介する認知行動療法で改善を目指していきましょう。

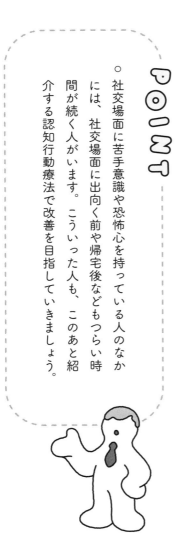

第3章

「視線恐怖」から抜け出そう！

視線恐怖から抜け出す方法とは？

社交不安症の人がおこなう認知行動療法

認知行動療法では、不安持続モデルの３つの要素「からだとこころの不安症状・安全行動・自己注目（自意識過剰）」を１人ひとりの認知と行動にもとづいて整理し、少しずつ修正していきます。

▼もっと詳しく

「認知」とは「物事を知覚し、それが何かを識別して理解し、どのような意味を持つか考え、物事を関連づけたり比較することで思考し記憶する」など、頭のなかで生じる現象です。無意識的にも、意識的にも、人間は認知を働かせているのです。

第3章では認知行動療法の方法を解説していきますが、少し難しく感じる方もいらっしゃるかもしれません。そのような方は、第4章『困りごと別に克服しよう！』から読んでみてもよいです。

POINT

○ 本書で紹介する認知行動療法は1人でできるものです。第3章が難しいと感じる方は、第4章から読んでみてもよいです。

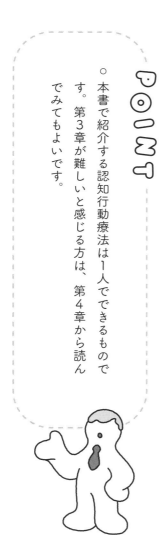

方法①　認知行動モデルの作成

認知行動モデルって？

「なぜ、このような症状や視線恐怖が続いているのか」を説明する『あなただけの理論（モデル）』のことを「認知行動モデル」といいます。

あなたの症状をうまく説明する認知行動モデルができあがれば、どこから手をつけて何をすればよいか、そして何をしてはいけないかを把握できます。

自分の認知行動モデルを作成してみよう！

STEP 1 視線恐怖が起きる場面を特定する（質問A／68ページ）

まずは、質問Aのチェックリストを使って、あなたがいつも不安になったり視線が気になったりする場面を特定しましょう。ここではこわくなって避けてしまう場面よりも、**不安を感じながらもその場にとどまってしまう場面**を選択したほうが、認知行動モデルをつくりやすくなります。

STEP 2 否定的な解釈を特定する（質問B／69ページ）

質問Bでは、質問Aでチェックがついた場面に遭遇したとき、どのように感じているのかを考えてみます。そうすることで「**自分は、その状況・場面をどのように解釈しているか**」**を知る**ことができます。

CHECK LIST

質問A：視線恐怖や社交不安を感じる社交場面

あなたが決まって不安になったり、
他人の視線が気になったりする場面はどれ？
（複数回答可）

- □ 誰かがいる部屋に入っていく
- □ 受付に話しかける
- □ 電話する、もしくは電話を受け取る
- □ 同僚に話しかける
- □ 友人と向き合って座る
- □ 自己紹介する
- □ スピーチする
- □ 会議で意見する
- □ いつもと異なる髪型や服装をしてみる
- □ 話をしているときに無表情になる
- □ 質問する
- □ 人がいるほうをじっと見る
- □ 会話のときにアイコンタクトする
- □ 知り合いとすれ違うときに目を合わせて挨拶する
- □ そのほか（　　　　　　）

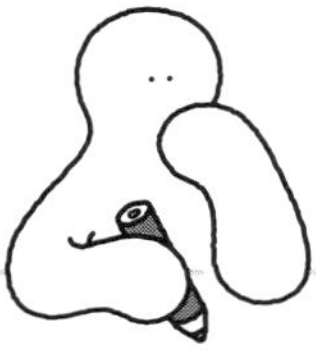

CHECK LIST

質問B：否定的な解釈

質問Aの場面でどのような思考になることが多い？
（複数回答可）

□ うまく対応できずに恥をかく
□ 相手をこわがらせたり不快にさせてしまう
□ 電話の様子をじっと観察される
□ 電話が終わったあとで「その対応はよくない」と批判・説教される
□ 話しかけたら無視される
□ 目が合ったときに嫌な顔をされる
□ よそよそしく対応される
□ 失礼な対応をされる
□「何見てんだよ」といわれる
□ 嫌な絡み方をされる
□ トラブルが起きる
□ 自分でうまく対応できずに周囲からの評価が下がる
□ 友人に愛想を尽かされる
□ 不自然な話し方になる
□ バカだと思われる
□ 拒絶される
□ 汗ばんでいることに気づかれて指摘される
□ 顔が赤くなっていることに気づかれて指摘される
□ 手や声、からだの震えを抑えることができない
□ じろじろと見られる
□ そのほか（　　　　　　）

質問Bにうまく答えられない方は、次のような質問への回答がヒントになるかもしれません。

- 質問Aの場面で、頭のなかに何がよぎり、何を考えていましたか？
- 質問Aの場面で、周囲の人たちは何をどう見ていて、どのように考えると思いますか？　また、それはどういうことだと思いますか？
- 質問Aの場面で、そもそもどのようなことがつらいですか？

STEP 3 不安症状を書き出す（質問C・D／71〜72ページ）

次に、質問Aでチェックがついた場面で生じることが多い「からだとこころの不安症状」を、質問Cと質問Dで見つけていきます。

CHECK LIST

質問C：身体的不安症状（からだの不安症状）

質問Aの場面に遭遇したときに
出てくる「からだの不安症状」は？
（複数回答可）

- □ 身震い
- □ 動悸
- □ 息切れ
- □ 窒息感
- □ ふらつき
- □ めまい
- □ 赤面
- □ 発汗
- □ そのほか（　　　　　）
- □ からだが熱くなる
- □ 手先が冷える
- □ 筋肉が固くなる
- □ 声が出なくなる
- □ 吐き気がする
- □ お腹が痛くなる
- □ 頭痛がする

CHECK LIST

質問D：認知的不安症状（こころの不安症状）

質問Aの場面に遭遇したときに
出てくる「こころの不安症状」は？
（複数回答可）

- □ 集中することが難しい
- □ 落ち着かずソワソワする
- □ 思考停止
- □ 気が遠くなる
- □ 頭が真っ白になる
- □ 居心地が悪い
- □ 気になって仕方がない
- □ 心配がやめられない
- □ そのほか（　　　　　）

CHECK LIST

質問E：安全行動

質問Aの場面であなたがおこなうことが多い行動であてはまるものは？（複数回答可）

□ アイコンタクトを避ける
□ 目が合わないように気をつける（例：下を向くなど）
□ 帽子やマスク、サングラスを身につける
□ 人の後ろに隠れたり、物陰にいたりする
□ たくさんの人がいるなら、端っこで大人しくしている
□ 言葉数を減らす、できるだけ黙っている
□ 頭のなかで話すことややり過ごす方法を何度もリハーサルする
□ 自分自身のことを話さないようにする
□ 聞き役に徹する
□ 機関銃のようにたくさん質問する（沈黙を避ける）
□ スピーチや会話中に、間があかないようにする
□ 作り笑いをする
□ 原稿やカンペを用意する
□ そのほか（　　　　　）

STEP 5 **注意の偏りを特定する**（質問F／74ページ）

質問Aの場面において、意識がどこに向いているのかをはっきりさせます。そうすることで、自己注目への理解を深めることができるようになります。

CHECK LIST

質問F：自己注目（注意の偏り）

質問Aの場面で、自分の意識はどこに向いている？

□ 自分がどのように見えているかに注目してしまう

□ 否定的な解釈（質問B）ばかり意識してしまう

□ そのほか（　　　）

STEP 6 **認知行動モデルを作成する**

最後に、これまで特定してきた、社交場面〈質問A〉、否定的な解釈〈質問B〉、不安症状〈質問C・D〉、安全行動〈質問E〉、自己注目〈質問F〉を、認知行動モデルにあてはめていきます。**認知行動モデルは76ページの図です**。各質問のアルファベットと、認知行動モデルの図のアルファベットはリンクしています。この図は自分で紙に書いてもよいですし、206ページからシートをダウンロードして活用してもよいです。

認知行動モデルは、苦手な社交場面ごとに作成します。最初は難しく感じても、すぐに頭のなかで作れるようになります。

経験談3
オフィスに入るときに視線恐怖を持つ伊藤さん（仮名）

オフィスで働く20代の女性、伊藤さんは「誰かがいる部屋に入っていく場面」に視線恐怖を持っていました。

たとえば、オフィスに入るときは「きっと、じろじろ見られる」と考えてしまいます。伊藤さんは入室することを「人からじろじろ見られる行為」と解釈しており、「自分はうまく対応できないだろう」とネガティブに考えていました。リアルにその場面がイメージできてしまうので、さまざまな不安症状が出てきてい

伊藤さんの認知行動モデル

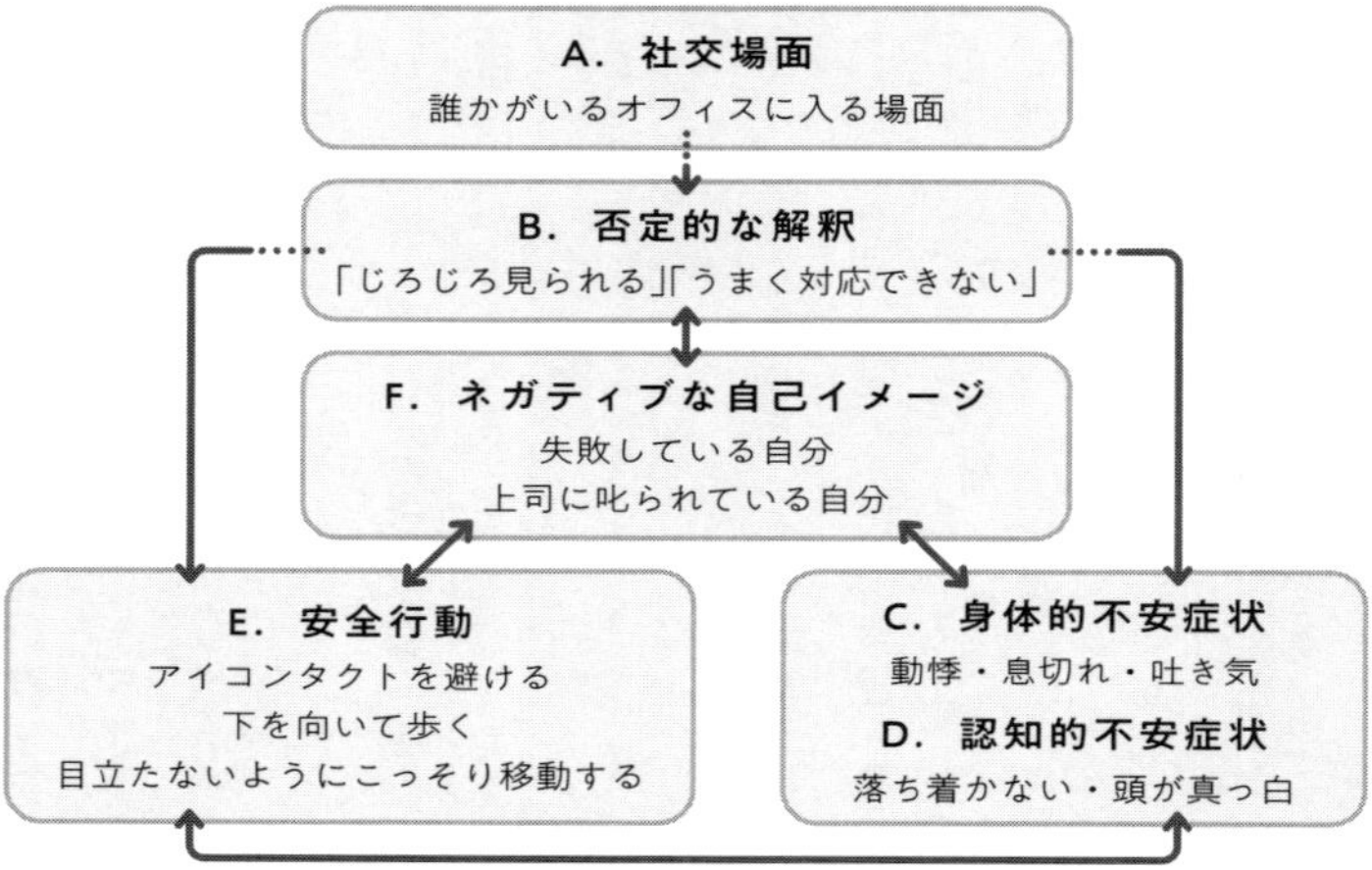

たのです。

そうはいっても部屋に入らないといけないため、アイコンタクトを避けてどうにか自分の席に向かいます。自分の席に着くまでの間、やはり周りを見ることができず自分の頭のなかに注意が向いてしまって、じっと見られている気がしてしまいます。

そうすると、実際には自分を見た人がいなかったとしても「誰かに見られた気がする」と感じ、『自分の否定的な解釈が正しいのだ』と思っていました。

つまり、「誰かがいる部屋に入っ

ていくとじろじろ見られる」という考えや予測が、より強固なものになったのです※1。

POINT

○ 68ページからの質問A～Fに答えながら認知行動モデルを作成すると、「視線恐怖を持ち続けている現状・要因」を把握することができます。
○ 次節からは、それぞれの要因を修正していくための方法を紹介していきます。

方法②　安全行動と自己注目の検討

安全行動と自己注目の悪影響

視線恐怖を持つ人は「安全行動」と「自己注目」をよくおこなっています。

安全行動は、苦手な社交場面で「最悪の事態が、現実になることを防ぐ」ために実行される行動です。目が合わないようにする、人との会話を避けるなどです。

自己注目は自分がおかしくないか、ちゃんと対応できているかをモニタリングしたり、不安症状にばかり注目したりすることをいいます。

安全行動と自己注目は、短期的には不安から目を逸《そ》らして適切な行動をとれるためよい行動だと感じられますが、社交場面への不安を維持させてしまい、不安症状を悪化させてしまうため、少しずつやめてしまうほうがよい[※2※3]です。

視線恐怖や社交不安症の認知行動療法では、治療の序盤で「**自分のとっている安全行動と自己注目が本当に自分の視線恐怖をやわらげていて、社会生活を送るうえで役立っているのかどうか**」を調べていきます。

それでは、自分の安全行動と自己注目について分析してみましょう。

安全行動・自己注目を深掘りしてみよう

STEP 1 安全行動を把握する

まず、質問E（73ページ）で回答した行動を振り返りましょう。

STEP 2 自己注目の癖を把握する

次に、あなたが社交場面で自己注目をする癖があるかどうか、次の質問に答えながら考えてみましょう。質問F（74ページ）と同じように感じるかもしれませんが、質問Fよりもより具体的な質問です。

- **質問1**：他人からの視線を感じたときに、あなたの意識はどこに向きますか？
（回答例：自分がどう見えるかどうか）
- **質問2**：他人からの視線を感じたときに、自分に対する意識は高まりますか？
（回答例：非常に自分自身について意識してしまう）
- **質問3**：社交場面では、他人の行動や発言から意識が離れますか？（回答例：離れる）

- **質問4：**自分に注目しているときに、自分が他人からどう見えているか気になりますか？（回答例：気になる）
- **質問5：**社交場面で安全行動をとらないと、他人から自分はどう見えると思いますか？（回答例：うまく会話できなくて、頭が悪くて弱々しい人だと思われるだろう）
- **質問6：**不安症状を隠そうとしたとき、他人は自分のことをどう見ているでしょうか？（回答例：自分が不安なことが相手にはわからないと思う、普通の人に見えるだろう）

自分の安全行動と自己注目の特徴を捉えることができたと思います。一般的には、**人と会う場面で視線を感じたときに安全行動と自己注目をしてしまうと、自分の惨めな姿が浮かんだり、最悪の事態を強く意識してしまったりする**ので、不安症状は悪化します。また、それによって「こわい」「失敗する」などの悲観的な考えも出てきて、不安がさらに高まってしまうのです。

安全行動と自己注目は自分のためになっている？

安全行動によって「最悪の事態を避けられている」と感じている人もいるかと思います。では、実際にあなたの安全行動と自己注目が社交場面で役に立っているのかを調べてみましょう。ここでしてもらうことは、「あなたの生まれ育った地域の魅力をスピーチする」です。

「〈パターン1〉**安全行動と自己注目を意識しながらおこなう**」と「〈パターン2〉**安全行動と自己注目をまったくしない**」の2パターンを実行して、不安症状の差を比較してみましょう。

安全行動・自己注目が役に立っているのか知ろう！

STEP 1 スピーチの場面で想定される最悪な事態を書き出す

- **質問1：**スピーチをするときに、起こりうる最悪の事態は何だと思いますか？

（回答例：緊張しすぎて一言も話せない）

・質問2：質問1で答えた最悪な事態を防ぐために、あなたはどのような安全行動をとりますか？　(回答例：注目が集まらないように小さな声で話す)

・質問3：スピーチをするときに意識はいつもどこに向いていますか？

(回答例：自分の声と発言の内容がおかしくないかどうかに向いている)

STEP 2　自分の頭のなかでロールプレイをする

それでは、最初に自分1人でロールプレイをしてみましょう。ロールプレイとは、イメージする場面で何かを演じることです。

まずは〈パターン1〉から実施します。❶目をとじて、初対面の人たちが周りにいる状況を思い浮かべます。❷そこで「生まれ育った地域の魅力」についてスピーチをしてみましょう。❸スピーチが終わったら、その状況をイメージしたときに感じた不安の強さを、0(全然こわくなかった)〜100(死ぬほどこわかった)で評価してください。❹これが終わったら、次に〈パターン2〉で同じように実行してください。実施例を記載しておきますので、ぜひ参考にしてみてください。**不安の強さについては、84ページのように紙などに記入すると比較しやすいです**(記入するシートは、自作でも本書の付

不安の強さの違い（実施例）

想定場面	スピーチをする（テーマ：生まれ育った地域の魅力）	
STEP 2 （頭のなか）	発言内容に 気をつけながら小さな声で話す （〈パターン１〉安全行動と 自己注目あり）	発言内容を気にせず思ったことを 大きな声で話す （〈パターン２〉安全行動と 自己注目なし）
実際の不安度 （0～100）	50点	100点
STEP 3 （協力者の前）	発言内容に 気をつけながら小さな声で話す （〈パターン１〉安全行動と 自己注目あり）	発言内容を気にせず思ったことを 大きな声で話す （〈パターン２〉安全行動と 自己注目なし）
実際の不安度 （0～100）	100点	40点

属データでも構いません）。

- **実施例：〈パターン1〉安全行動と自己注目を意識しながらスピーチをする**

まず、頭のなかで「自分の発言内容がおかしくないかどうか意識しながら、小さな声で話す自分を想像して」スピーチをしてみましょう。終わったら、感じた不安の強さを、０（全然こわくなかった）～１００（死ぬほどこわかった）の範囲で評価してください。

- **実施例：〈パターン2〉安全行動と自己注目をまったく意識しないでスピーチをする**

頭のなかで、「安全行動とはまったく反対の行動で（つまりはっきりと大きな声で話して）、自分の発言内容を気にすることなく、思ったことを率直に言葉にしている自分」を想像してみましょう。視線をおとさず、周囲の人たちの顔を眺めている自分をイメージするとさらによいです。このとき、上手に話そうと思う必要はありません。〈パターン2〉のロールプレイを終えたら、不安の強さを、0（全然こわくなかった）～100（死ぬほどこわかった）の範囲で評価してください。

STEP 3　家族や友人に協力してもらう（可能であれば）

可能であれば、1人で実行したあとに知り合いに協力してもらいましょう。この場合はロールプレイではなく、実際に人前でスピーチをすることになります。

最初は〈パターン1〉からおこないます。スピーチをする前に「どのような安全行動をするのか」を想像しておくのもいいでしょう。スピーチ中は自分が上手にできているかに注目するようにします。頭のなかに「スピーチがうまくできていない自分」が出てきたら、そこにも注目してみましょう。〈パターン1〉が終わったら、そこで感じた不安の強さを評価してください。

次は〈パターン2〉、外部に注目しながらスピーチをします。視線をおとさずに聴衆のほうを向いて、上手に話そうなどと気負わずに、頭に浮かんだことを次々に口にしていってください。終わったら、不安の強さを評価します。

STEP 4 不安の強さを比較する

STEP2・3をとおして、〈パターン1〉と〈パターン2〉を比較することができました。それぞれどちらのほうが不安は小さかったでしょうか。例では、STEP3では、〈パターン1〉の安全行動・自己注目ありのほうが、不安が大きくなりました。一般的に、**社交場面では安全行動や自己注目をしないほうが、不安は少なく、楽にコミュニケーションをとれる**とされています。

本節では、スピーチの場面でのロールプレイをとおして安全行動と自己注目の役割を考えました。しかし、ほかにも視線恐怖を感じる場面はあるかと思います。それぞれの場面での安全行動と自己注目の役割についても、検討してみてください。

POINT

○視線恐怖から抜け出すためには、自己注目はほどほどにして安全行動をやめる必要があります。安全行動と自己注目が自分にとってメリットになっているのか、82ページからの方法を用いて知っておきましょう。

方法③ ビデオ・フィードバック

自己イメージの「歪《ゆが》み」を修正する

社交場面で「必ずといってもいいほど、毎回自分の悪いイメージが頭に浮かぶ」ことは、視線恐怖を持つ人たちに共通してみられる現象※4です。もしあなたが、**社交場面で「自分はおかしいのかな」「奇妙な言動をしてしまっているかも」と不安になるのであれば、あなたの自己イメージがネガティブに歪んでいる可能性があります。**

自己イメージがネガティブに歪んでいる人はよくいますが、本人はなかなか気づけません。なぜなら、「実際の社交場面にいる自分の姿」からではなく「からだやこころの不安症状」から自己イメージを形成してしまうためです。また、実際の自分の姿を把握できる機会はあまりないため、一度持った自己イメージを修正することも難しいのです。

もともと他人の気持ちを読みとることは難しいのに、目の前の相手の表情や口調ではなく、否定的な自己イメージにばかり意識を向けているのであれば、たとえ社交場面でうまく振る舞えていたとしても、主観的にはつらく苦しいものとして感じられます。

「社交場面で頭に浮かぶネガティブな自己イメージ」と「実際の自分の姿や様子」はかなり違います。 本節で紹介する認知行動療法「ビデオ・フィードバック」をおこなって、自分は他人の目にどう映っているのかを観察してみましょう。

ビデオ・フィードバックをおこなう

ビデオ・フィードバックは、6つのステップで構成されていますので順番に説明していきます。ここでは、ある社交場面を例に設定していますが、別の場面でも構いません。まずはやり方を真似して「自己イメージの正確さ」を検討してみてください。ビデオ・フォードバックでも、実施前に用紙に「ビデオに映る自分の様子（予想）」などを記入しておきます。記入例を92ページに掲載していますので、参考にしてください（用紙は自作でも本書付属データでも構いません）。

STEP 1 動画撮影機材を設定する

ビデオカメラやスマホのビデオ機能を使います。自分の表情や仕草がすべておさまる画角にカメラをセットしてください（協力者がいる場合は、協力者の表情も映るように画角調整してください）。

STEP 2 **ネガティブな自己イメージを書き出す**

これからカメラの前で自己紹介（出身地、性格、好きなことなど）**をします。「どのような自分が映るか」を予想して、**細かく記述しておきましょう。これは、あとで自己イメージと実際に映っていた自分の様子を比較するための下準備です。「どのような安全行動をとりそうか」を考え、「安全行動をとっている自分と、安全行動をとらない自分、それぞれが他人からどう見えているか」も予想して書いておきましょう。また、そのときの自分がどのくらい不安そうに見えるかを0〜100点の範囲で予想します。

STEP 3 **撮影の環境を整える**

撮影の前に、誰か知り合いに目の前に座ってもらいましょう。家族、友人、先輩や後輩、恋人、教師、カウンセラーなどです。協力者が用意できない場合は、そのような状況を想像するというのでも問題ありません。

STEP 4 **2パターンの自己紹介を撮影する**

カメラを起動して、自己紹介の様子を撮影していきます。このとき、〈パターン

ビデオ・フィードバックのシート（記入例）

	〈パターン１〉安全行動をする 視線を下に向けて考えながら自己紹介する （不安そうに見えるか:0~100点）	〈パターン２〉安全行動をしない 頭に浮かんだことを素直に伝える。話題の最初と最後にはアイコンタクトをしてみる （不安そうに見えるか:0~100点）
予想	注目されないことが成功していると思う。きっと目立っていない。不安を隠そうとしている自分の姿のほうがマシだと思う。 （不安そうに見えるか:20点）	さぞ弱々しい自分がカメラには映っているだろう。 （不安そうに見えるか:100点）
実際	下を向いていて声が小さく不自然に見える。目立ちたくないはずなのに、むしろ余計に目立っていた。 （どのくらい不安そうだったか:80点）	普通の人に見える。実際には不安に感じていたけど、第三者視点で見るとそのようには見えない。 （どのくらい不安そうだったか:10点）

1〉安全行動と自己注目を意識しながらおこなうやり方と、〈パターン2〉安全行動と自己注目をせずに、アイコンタクトをしながら思ったことをそのまま口にするやり方を実行します。パターンごとに動画を撮影しましょう。

STEP 5 映像を見てそれぞれの自分を観察する

撮影した映像を再生してリアルな自分の姿を観察してみましょう。このとき**「実際に目の当たりにしたこと」「聞こえたこと」を重要視**してください。つまり、他人の視点に立って観察をして、気づいたことを紙に記述しましょう。

また、自分がどのくらい不安そうだったかを、0〜100点の範囲で評価します。

STEP 6 客観的な情報で自己イメージを修正する

映像をもとに、自己イメージを更新しましょう。ここで注意してもらいたいことは、**ネガティブな情報だけではなくポジティブな情報もしっかりと認識して、素直に新しい自己イメージをつくろうとしてください。**

また、可能であれば家族や友人にも映像を見てもらって、どのように見えるか質問してみましょう。そこで得られた情報も自己イメージの修正に活用してみてください（例：普通に自己紹介をすれば、自分の不安な気持ちは相手に気づかれないみたいだ。思っていたよりもアイコンタクトが自然だった。結論としては「社交場面での自分の様子は特に変人ではなく普通の人」だと思う）。

不安な気持ちやネガティブな自己イメージを持ったまま「自分は他人からどう見えているのだろうか」と推測するのはよくありません。今回のように、第三者視点で観察してから、自己イメージを修正していきましょう。

POINT

- ○ 90ページから始まるSTEP1～6をおこなって、ネガティブな自己イメージを更新しましょう。
- ○「他人から見える『自分のポジティブな側面』」を意識することが大切です。

方法④ 注意シフト・トレーニング

内部情報に注意が偏ることで不安が強くなる

「注意」とは「なんらかの対象に反応したり注目したりする、意識の働きのこと」です。視線恐怖を持つ人は社交場面に行くと、他人の視線や自分の目つきに意識が引っ張られてしまいます。一度**思考や自己イメージなどの「内部情報」**に注意してしまうと、次々に否定的な考えが頭に浮かんでくるため、内部情報への注意から抜け出すのは非常に困難です。

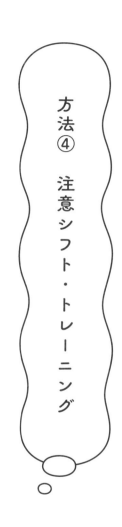

本来社交場面では、**他人や自分のいる環境などの「外部情報」**にも注意を向ける必要があります。ここでの「環境」とは「見えるもの、聞こえるもの、触れられるもの、香り」などです。一般的に、他人の視線を感じとったら視線の送り主に目を向けて、目が合えばそのまま相手を観察します。そして好意的な反応があれば、挨拶をしたりすることで対人関係が進んでいきます。

しかし、視線恐怖を持つ人の場合、社交場面で内部情報に注意が偏りがちです。そのため「環境」を把握することができず、イメージのなかだけの最悪な事態に長く苦しめられるのです。

「視線を感じる」ということは、何かしらの対人交流が起こる可能性のある場面にいるということでしょう。**そこで、相手や周囲の状況といった「外部情報」にできるだけ注意を向けると、不安はだんだんと消えていきます。**

社交不安症の認知行動療法では、**社交場面で内部情報に偏った注意を外部情報に移**

すための方法「注意シフト・トレーニング」があります。なぜ注意シフト・トレーニングをして、恐れている他人の反応や視線に意識を向ける必要があるのでしょうか。それは、**実際のやり取りで相手の目線や目つきが、予想していたよりもずっと好意的であることがたくさんあるから**です。

注意シフト・トレーニングとは

これから、社交不安症の人向けの注意シフト・トレーニングを紹介します。人は主に視覚と聴覚を使って情報を収集しています。そのため、注意シフト・トレーニングでも視覚と聴覚を使って外部情報にアクセスするよう意識するとよいでしょう。

ただし、嗅覚・味覚・触覚を用いたトレーニングも有効ですので、次ページの表を参考に自分に合った方法を探して試してみてください。

注意シフト・トレーニングでは、**「内部情報」に向いている注意を「外部情報」へ**

五感を活用した注意シフト・トレーニングの例

視覚	部屋の中、あるいは窓から見える景色にある、ありとあらゆる色（それぞれの色の濃淡、光と影など）に目を向ける
聴覚	部屋の中で聞こえる音（空調、時計の音など）、部屋の外から聞こえる音（隣の部屋の物音、道路を行き交う人の話し声、車の音など）に1つひとつ耳を傾ける
嗅覚	部屋の中で感じるにおい、窓を開けたときに外から入ってくるにおいに注目し、何のにおいであるか想像する
味覚	口の中に感じている味や、手元にある飲み物を一口飲んでみてその味の変化を観察してみる
触覚	座っている椅子や机に触れている感覚、材質、温度について、手やお尻の皮膚の感覚をとおして観察する

シフトするために、いま、ここで目の当たりにしている現象について丁寧に描写していきます。何度も内部情報から外部情報へ注意を移行させることで、社交場面でも柔軟に注意の方向を切り替えられるようになります。

注意シフト・トレーニングは8つのステップからなりますが、実施する場合はSTEP1〜8のなかで、できそうなものからおこなってみるとよいでしょう。

写真①

注意シフト・トレーニングをしてみよう！

STEP 1 物に意識を向ける

❶まず、目をとじて内部情報（自分）に注意しつつ、他人の視線を感じている状況をイメージしてください。このとき「自分は変じゃないか」と心配などをするとよいです。❷イメージできたら目を開けて、写真①について、気づいたことを書き出してください。たとえば「東京消防庁の救急車が止まっている。新品なのかピカピカだ。天気がよくて、影が車体の下にあるから、正午くらいだろう」などです。このときは内部情報にアクセスしないようにしてください。『❶内部

写真②

情報に注意しつつ社交場面をイメージ→❷写真を見て書き出す』を数回繰り返してください。

STEP 2　風景に意識を向ける

❶まずは、目をとじて内部情報に注意してみましょう。❷次に目を開けて、写真②を見て感じた景色、天気、牛の数、白黒模様などを書き出してみましょう。たとえば、「人が誰もいない山に放牧された牛たちがいる。丈の短い草が山肌を覆っている。手前の牛2頭は黒い部分が多くて、奥の牛2頭は白い部分が多い」などです。これもSTEP1と同様数回繰り返してください。

写真③

STEP 3 音に意識を向ける

今度は、音に意識を向けてみます。❶目をとじて、内部情報に意識を向けてください。❷次に、目を開けて外の音を聞いてみましょう。そして、感じたことを書き出してください。たとえば、「雨の音が聞こえる。いま、風が吹いて窓を叩《たた》いたような音が鳴った。雷の音は聞こえないけれど、部屋のなかの冷蔵庫の鈍い音が聞こえる」などです。これも何度か繰り返しましょう。

STEP 4 擬似的社交場面に意識を向ける

ここでは、社交場面の一部を切り取った写真③を使います。❶まず目をとじて、

写真④

誰かが自分のほうを見ている状況を想像してください。❷次に、目を開けて、写真③のなかの彼らの様子について感じたことを書き出してみましょう。たとえば「若い男女が寄り添って椅子に座っている。PCの画面を見て、楽しそうな表情をしている。男性は座っていて、ストライプのシャツを着ている。女性は男性の後ろに座って前屈みになっている。髪型は高い位置でお団子にしている」などです。これも何度か繰り返してください。

STEP 5 擬似的社交場面で他人の顔に意識を向ける

次はこちらを見ている男性の写真④を使います。❶まず、目をとじて「いま目の前にいる人が自分のほうを見ているのではないか」と心配してみてください。❷そのあと目を開けて、この写真の男性の姿や表情について感じたことを書き出します。たとえば「いきいきとした表情で、短髪の男性がこちらを見て笑っている。大きなファイルを持っていて、仕事の途中のようにも見える。ワイシャツは着ていないが、ジャケットを着ている」などです。これを何度か繰り返しましょう。

STEP 6 実際の社交場面で周りに意識を向ける（レベル1：コンビニ編）

さて、ここからは人がいる場面でおこなう注意シフト・トレーニングです。だんだんとレベルを上げていくとよいです。まずは、レベル1のコンビニ編です。

❶ まず、コンビニに行って不安症状に意識を向けてください。

❷ 買うものを選ぶ段階で、視覚的な情報（店内に置いてある物や、店内にいる人など）に注意をシフトしてみましょう。自分に注意が向くこともあるかもしれませんが、できるだけ外部情報にアクセスしてください。

❸ 有人のレジを使って買い物をします。接客してくれる店員の性別や髪型、年齢、声の高さなどに注意を向けてみましょう。

❹ これをコンビニに行くたびに実行してみましょう。

STEP 7 実際の社交場面で周りに意識を向ける（レベル2：カフェ編）

レベル2では、もう少し人がいる場所に出かけてみましょう。カフェやレストランなどがよいと思います。

❶ 1人でカフェに出かけて、飲み物を飲みながら周囲をゆっくりと観察します。このとき、「自分が周りの人からどう見えているか」「周りから見られていないかどうか」を心配するようにします（内部情報へ注意を向ける）。

❷ 次に、店内の様子（外部情報）に注意をシフトして、感じたこと・見たことを書き出してください。お店の雰囲気や店員の服装、メガネをかけている人や勉強している人はいるかなどを観察してみましょう。たとえば「店員さんは襟のついた制服をピシッと着ている。若い女性の店員さんが多く、男性の店員さんもホールに1人いる。勉強をしている学生や、仕事をしているサラリーマンもいるようだ」

などです。

❸　これを週に1回ほど、外出先で実施してみましょう。

STEP 8 実際の社交場面で周りに意識を向ける（レベル3：大学・会社編）

いよいよ注意シフト・トレーニングも大詰めです。最後に、日常生活のなかで視線恐怖を感じやすい場面で実践してみましょう。本書では、オフィスを想定しています。

❶　オフィスに入る前にいつも自分がする安全行動や否定的な解釈を思い出したり、自己注目をしたりしましょう。たとえば「周りからの視線が気になって、オフィスの真んなかで動けなくなった自分」などをイメージします。

❷　その後オフィスに入り、不安症状に注意を向けてみます。「冷や汗をかいているな」「心臓がドキドキしている」などです。

❸　❷のあとに「何が見えるか」「どのような音が聞こえるか」などの外部情報を注意深く観察していきます。また、対人的な情報にも注意してみましょう。たとえば、出社している人の人数や服装、表情、その人がいましている言動などです。可能であれば挨拶などしてみましょう。

❹外部情報に注意を向けたときに感じたことを書き出しましょう。たとえば「いつもよりオフィスがよく見えて、広々しているように感じた」などです。

❺これを何度か繰り返してください。

繰り返し練習することの重要性

注意シフト・トレーニングの目標は、社交場面で内部情報にばかり注意してきた習慣を変え、新たな習慣をつくることです。そのため、**社交場面で自然と外部情報に意識を向けられるようになるには、数週間・毎日注意シフト・トレーニングをおこなう必要があります。**

まずは、朝昼晩に、内部情報と外部情報を行ったり来たりする練習をおこなってみましょう。内部注目では苦手な社交場面を想像し、外部注目では周囲の風景や音などに注意を向けるとよいでしょう。難しいと感じたら、ＳＴＥＰ１～８をもう一度実行してみてください。

このトレーニングをとおして社交場面でうまく外部情報に意識を向けられるようになるには個人差があります。注意のシフト（切り替え）に20分以上かかる人もいます。そのため、繰り返し練習をすることがとても重要なのです。

POINT

○外部情報に意識を向ける練習方法に、99ページから紹介している「注意シフト・トレーニング」があります。

○実施する場合は、STEP1～STEP8のなかでできそうなものからおこなってみましょう。それらを朝昼晩の3回、4週間程度、繰り返しおこなうことが大切です。

方法⑤　行動実験

視線恐怖を持つ人が恐れていること

視線恐怖で悩む人は他人の視線を感じると急速に不安が高まりますが、いったい何を恐れているのでしょうか。それは、社交場面などで自分がうまく対応できないことによって生じる「**他人からのひどい扱いや、それによって被るさまざまな不利益**」です。主に恐れていることは、

- じろじろと見られる

- 目つきがキツいと注意される／睨まれていると勘違いした他人に怒鳴られる
- うまく挨拶・対応できないことで評価が下がり仕事を失う
- 雑談がうまくできなくて「バカだ」と思われる
- 不安になっていることに気づかれる
- 赤面していることで軽蔑される

などです。人は自分がひどい扱いをされることや不利益を被ることについて、非常に敏感な生き物です。そうならないように、そっとその場を離れたり、目が合わないようにしたりして他人との関係がスタートすることを防ごうとしてしまうのです。

一方で「恐れていることが本当に起きるのかどうか」を検証した人は少ないのではないでしょうか。誰もが人前ではうまく振る舞おうとするので、失敗したらどうなるのかを知る機会はあまりありません。認知行動療法は科学的アプローチですから「不安が強いときに頭に浮かんだ思考が『事実』である」とは見なしません。実験から得られる結果を観察するまで、思考はただの『仮説』なのです。

視線恐怖を持つ人が恐れている社交場面は、本当に脅威なのでしょうか。恐れている事態が本当に起きるのかどうかを調べる方法に「**行動実験**」というものがあります。

行動実験の結果から現実を知る

視線恐怖を持つ人の行動実験では、「社交場面でイメージする最悪の事態」を特定して、そのようなことが本当に起きるのかどうかを調べていきます。

読者の方はこれまでの人生で**批判されたり、拒絶されたりすることがないように細心の注意を払って生きてきた方が多いと思います。**ですから、このような逆説的なアプローチ（あえて視線を集める行動をすること）には抵抗があるはずです。

しかし、これまでと同じ意識では不安が消えないことも理解していると思います。そのため、この実験に希望を持って望む人も大勢います。

行動実験で恐れている事態が起こらないなら、「予想とは違って、現実の社交場面では失敗しても批判されたり拒絶されたりすることはあまりない」という可能性が出てきて、これまでにないほど安心して生活を送れるようになるでしょう。**勇気のいる方法ですが、できそうだなと思われる方は試してみてください。**

【経験談4】

行動実験をとおして周りへの意識が変わった鈴木さん（仮名）

社交不安症を持つ鈴木さん（男性）は、「自分が話しかけると、その人をこわがらせてしまい冷たく拒絶されるのだろう」という思いから、社交場面をできるだけ避けていました。また、他人にこわい思いをさせないように、帽子をかぶり背を丸めて、目立たないように道の端っこを歩いていました。当然、他人に話しかけることはありません。

ある日「周りへの不安に悩んでばかりの日々から抜け出したい」と思い、行動実験をすることに決めました。方法は、商店街で何人かに道を尋ねるものでした。道を尋ねる際には、背筋を伸ばして相手の顔を見るようにしました。鈴木さんの予想では「話しかけられた人は驚き、引きつった顔で自分のほうを見て、黙って離れていく」でした。

しかし、5人に道を尋ねたところ、全員が立ち止まりなんらかの情報をくれたのです。なかには、地図アプリを起動して詳しく教えてくれる人もいました。鈴木さんにとって、この事態は想定外であり「これまで周りはひどく冷たい人ばかりだと決めつけていた」「結構人は優しい」ということに気づくことができました。

【鈴木さんの経験からわかること】

鈴木さんは行動実験をとおして、自分の信じている思考（予想）が本当に起こるのかを検証しました。そして「意外にも人は優しい」という、新しい思考・信念を手に入れることができたのです。

行動実験にチャレンジしてみよう

STEP 1 恐れていることを特定する

視線恐怖を持っている人は、苦手な場面がはっきりしていると思います。まずは、次の〈例〉をもとに、その状況で**自分がどうなってしまうことを恐れている**のか考えて、書き出してみてください。**「周りの人がどのような反応をするか」という予想**も記述しましょう。また、恐れいている事態がどのくらいの確率で実際に起きると思っているか（確信度）を0〜100％（まったく起きない〜絶対に起きる）の範囲で書いてください。

〈例〉私は「赤面」を見られるのがこわいため、マスクが手放せない。チークは使わないようにしている。もし、周りに人がいる状況で赤面すると、すぐに気づかれてじろじろと見られると思う。確信度は100％。

STEP 2 実験環境を選ぶ

次に、STEP1の仮説を検証するための実験環境を考えます。他人の視線がこわい人が、誰もいないところで実験しても仕方がありません。かといって、いきなり都内のクラブなどに挑戦するのも刺激が強すぎるでしょう。**まずは、自分がよく知っている環境を選びましょう。**その環境で、いつもしている安全行動をやめて、あえて視線が集まるようなことをやってみます。

〈例〉日曜日の昼頃に母親と2人で立川《たちかわ》駅から東京駅まで電車で移動する。

この例では、立川駅から東京駅まで快速電車で50分ほどかかり、日曜日の昼には老若男女たくさんの人たちが乗ってくるので、どのくらいの人が自分のことをじろじろと見てくるのかなどを知ることができます。

STEP 3 実験計画を立てる

では、計画の詳細を決めましょう。いつ、誰と、どこで、どのように、何をするのか。そして反対に何をしないのかを決めておくことで、よりよい行動実験ができます。

〈例〉△月△日のお昼頃から母親と二人で立川駅から東京駅まで行き、買い物をする。

電車では乗り降りするドアに近い座席に座り、乗り降りする人たちの様子を観察する。また、当日は化粧（チークをふくむ）をしっかりとして、マスクを外す。電車のなかでは視線をおとしたり、スマホを見たりせずに、「どのような服装・髪型・化粧をしている人が多いか」などに注意を向けてみる。

STEP 4 行動実験をおこなう

計画どおりに実行します。気づいたことは合間を見てメモしておくとよいでしょう。自分の気持ちや思考、浮かんできたイメージについてではなく、**「実際に起きた出来事」「目にしたこと」「聞こえたこと」を記録する**ようにしてください。

〈例〉 ホームでキビキビした動きで歩いている駅員さんとすれ違った。電車に乗って席に座った。正面にいる高校生の子たちはスマホを見ながら話をしている。三《み》鷹《たか》駅でたくさんの人が乗ってきたけれど、私の顔を見た人は1人もいなかった。強いていえば、座席が空いてないかチラッとこちらを見てきた人がいたくらいだった。

STEP 5 予想が正しかったかどうか検討する

行動実験が終わったら「予想していたことが起きたか」「想定外のことはあったか」「恐れている事態が起こる確率はどの程度か」を検討します。このとき、STEP1の仮説とSTEP4のメモを見比べてみるとよいでしょう。もし、STEP1で記載した確信度が行動実験をとおして変化したのであれば、そのことについても記述してください。最後に「今後、視線恐怖を感じたらどのように考えたらよいのか」「今後はどのように行動すればよさそうか」について記述しましょう。

実際に、予想どおりの反応をされることもあるでしょう。このような場合には、もう少しデータを集めてみましょう。「10人中2人と目が合った。でも、じろじろ見てくるわけではなかった」というように、**当初の予想と一致していたところ・予想と違ったところ**などを、正確に検討してみてください。

〈例〉私をじっと見てくる人は全然いなかった。チークもばっちりしていたので、このような結果は意外だった。「確信度は100%」と予想したが、行動実験をとおして確信度は20%になった。今後は、視線を逸らさないようにこころがけて、人が多い時間帯にも同じような行動実験をしてみたい。

世界は想像しているよりも安全なのかもしれない

行動実験は、予想する最悪の事態が本当に起こるのかどうかを調べることができる、とても便利な方法です。ここでは、5ステップで行動実験を説明しました。ほとんどの視線恐怖や社交不安症を持つ人たちの場合、行動実験をおこなってみると、予想と違う反応があり、世界の見え方がより安全なものに変化すると思います。

行動実験の記録シートは、206ページでダウンロードできます。

POINT

○あえて視線が集まりそうなことをしてみて、本当に恐れている事態が起きるのかどうかを調べてみる方法を「行動実験」といいます。

○行動実験をおこなう場合は、実施前に実験計画を立てます。そして、「実施前の予想」と「実施後の結果」を比較します。どれぐらい一致していて、どこが違ったかを考えてみましょう。世界の見え方が変化する方もいると思います！

方法⑥　世論調査

自分が考える「失敗」をすると本当に批判される？

社交不安症や視線恐怖を持つ人は、人前での失敗を過剰に恐れています。社交場面で失敗をしたときに「いっけね！　自分ってドジだな〜」「これは笑い話になるぞ」と思うことはありません。むしろ、失敗をしたら「責められる」「能力が低いと思われる」「バカにされる」と考えてしまいます。

他人が重箱の隅をつつくように批判してきたら、強いストレスを感じて当然です。

一方で、行動実験（前節）をとおして、「思い切った行動をしてもそんなに批判されないな」と気づいた人もいることでしょう。

社交場面で失敗をすると「批判的される」「否定的に評価される」と強く考えてしまう場合には、「世論調査」で自分の考えの妥当性を検討してみましょう。

自分が考える「失敗」を他人はどう思う？

「世論調査」とは、周囲の人が特定の物事についてどのように考えているのか・解釈するのかを実際に聞き取り、理解する方法です。なお「世論（よろん／せろん）」とは、世間一般の人々の意見のことで、これを公平に調べる方法が世論調査です。

認知行動療法では、**「社交不安症の人が恐れている失敗を世間一般の人が目の当たりにしたとき、どのように思うのか」**というアンケートを作成して、聞き取りをおこなっていきます。次のページで、世論調査をおこなった経験談と、実際に使われる記録シートを紹介します。

世論調査結果記録シート

恐れている失敗「スピーチで不安に思っていることが、相手にバレる」
予想される解釈「ありえない」「不安に思うなんてみっともない」

回答者	ネガティブ発言の有無（○、×）	メモ
父	×	「誰でも不安になることがある」
母	×	「そのくらいで人生はダメになりません」
上司	×	「急なスピーチなら仕方がない」
先輩	×	「スピーチしたならいいじゃん。断るほうがダメ」
後輩	×	「批判されそうだ、と思いますよね。俺はそうは思わないですけど」
友人	×	「わかる、緊張するよね」
兄	○	「不安を見せないほうがいい」
合計（%）	○1名（85.7%） × 6名（14.3%）	ほとんどの人は、スピーチしている人が不安そうに見えても、その人を否定的に思わないことがわかった。

経験談5

世論調査で自分の考えと世間一般の考えの違いに気づいた佐藤さん（仮名）

佐藤さん（男性）は、「人前でスピーチをする」ことに視線恐怖を持っていました。また、「自分の不安が周りの人にバレる」ことをとてもこわがっていました。もしバレてしまうと、他人に「ありえない」「不安に思うなんてみっともない」と思われると考えていたからです。

あるとき、親友から結婚式の友人代表スピーチを頼まれました。最初は戸惑いましたが、親友の大切な日を祝いたい一心で引き受けることにしました。そのためには人前で自信を持てるようになる必要があると思い、世論調査をすることにしました。結果、自分の周囲には「『スピーチをしている人の不安が、こちらに伝わってくること』について、批判的に思う人はほとんどいない」ことがわかりました。

POINT

○「社交場面で失敗をすると批判される」と思い込んでいると、視線恐怖からなかなか抜け出せません。
○そんなときは自分の周りの人に世論調査をして「世間は『社交場面で失敗する人のこと』をどう思っているのか」を知ってみましょう。

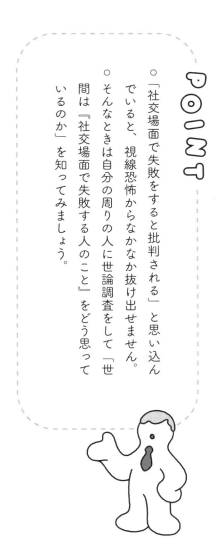

方法⑦　リハーサルと1人反省会をやめる

不安を高めてしまう行動習慣

社交場面の前後でも不安を感じることがしばしばあると思います。たとえば、**外出する前に外出先で視線が自分に集まらないかどうか心配したり、帰宅後に外出先で失敗をしていなかったかどうか記憶を頼りに確認したりすることです。**このような行動習慣は不安を持続させるばかりか苦痛感も高めてしまいます。

「リハーサル」と「1人反省会」

社交場面の前によくおこなう安全行動に「**リハーサル**」があります。たとえば、社交場面での失敗を恐れるあまり、誰かに会う前や外出前に何度もイメージトレーニングをしたり、対策を立てたりすることです。リハーサルをおこなうことで「こころの準備ができた」と思えるので、その瞬間だけは安心できます。

しかし、社交場面で「ちゃんと準備してきたとおりにできているかな。あっ、これは想定外だ。どうしよう」と思う原因にもなりえます。**リハーサルをおこなうことで、社交場面での柔軟性が欠けてしまい、動揺を生み出してしまう**のです。

次に、社交場面のあとにおこなう安全行動に「**1人反省会**」があります。たとえば、社交場面後に「○○すればよかった。△△したのは失敗だった」とネガティブな出来事ばかり強調して振り返るなどです。一見、次の機会に反省を活かせるような気がしますが、まったく同じような社交場面に出会うことはありません。また、**せっかく勇気を出して人と関わったのに悪いところばかり振り返れば、10人中10人が落ち込んで**

しまうでしょう。

リハーサルも1人反省会も、結局のところ、**本来不安を感じる必要のない場面（自宅・自室など）で不安を感じ、起きてもいない現象についてくよくよ悩んでしまっているといえます。**そして、くよくよ悩むことでリラックスする時間が少なくなり、余計なストレスを生んでしまっているのです。

社交場面の前後におこなう行動を見直す

社交場面の前後で悩むことが習慣になっていても、それは**弱さや能力の低さが理由ではありません。**むしろ知的に問題解決をしようとする前向きさの表れです。なぜなら、少し時間を取って不安を塗りつぶせるのだとしたら、そんなに効率のよいことはありませんから。しかし、前述のようにリハーサルや1人反省会などの安全行動は、一般的に不安を維持・増悪させ、しかも社交場面にいるときには苦痛をもたらすこともあるのです。

では、社交場面の前後で習慣的におこなっている安全行動がどのような機能を持っているのか調べてみましょう。

STEP 1 社交場面の前におこなう安全行動を特定する

まず最初に社交場面の前にする安全行動を特定します。よくあるのは「リハーサル」や「検索」です。信頼できる人に電話する人もいます。

〈例〉目線がキツくないか、何度も鏡で確認する。人の少ない時間帯を調べる。

STEP 2 社交場面のあとでおこなう安全行動を特定する

次に、社交場面のあとにする安全行動を特定していきます。よくあるのは「1人反省会」です。自分の至らなかった点をノートに書き出す人もいます。

〈例〉寝る前に社交場面のことを思い出し、「今日誰に迷惑をかけたのか」を考える。

STEP 3 それぞれのメリットとデメリットを書く

STEP1〜2で特定した安全行動のメリットとデメリットを記述します。

〈例〉メリット……失敗を防げる気がして、人に迷惑をかけることはないだろうとほっとする。
デメリット……考えている間ずっと不安で落ち込むし、とても疲れる。

メリットを考えるとき、次の質問に答えるかたちで進めるとよいです。

- 安全行動にはどのような効果がありますか？
- 自分の行動や反応に改善点が見つかりますか？
- 失敗を未然に防げると思いますか？

また、デメリットを考えるときも、次の質問に答えるかたちで進めるとよいです。

- 社交場面の前後で安全行動をしているとき、どのような気持ちになることが多いですか？　また、そのときつらくないですか？
- 安全行動をすることで、社交スキルが上がったり、不安が解消されますか？
- 悩むことにたくさんの時間を使って疲れませんか？

STEP 4 何をすべきで、何をすべきでないか考える

メリットとデメリットを記述することで、社交場面の前後でする安全行動について深く理解できたと思います。よい側面もあったかもしれません。しかし、社交場面前後の安全行動は、自分を余計に苦しめていることにも気づいたはずです。最初からすべての安全行動をやめることは非常に勇気が必要で、現実的ではないと思う人もいることでしょう。

ここでは、**くよくよ悩んでしまうことのメリットとデメリットを比較したうえで、メリットは残しながらデメリットを最小化することを目指して、**何をしたらよいか、何をしないほうがよいのかを書き出してみましょう。

〈例1〉 事前にいくら準備しても不安を払拭できないし、1人反省会をするといつも落ち込んでしまうから、いっそのことやめてしまう。

〈例2〉 1人で練習すると、やめどきがわからなくなるので、大切なプレゼンの前には信頼する同僚に見てもらってOKが出たら、それ以上リハーサルはしない。

1人反省会の代わりにするとよいこと

社交場面後に「大丈夫だったかな」と不安になることは正常なこころの働きです。**社交性があり他人との関係を大切だと思う人ほど、このような思考になります。**反対に「他人なんてどうでもいい」という人は、対人関係に無頓着なものです。

1人反省会は、できるだけ避けましょう。しかし、今日起こったことが頭に浮かぶということは、脳の情報処理の過程において自然です。では、どうすればよいのでしょうか。

結論からいえば「自然に浮かんでくる思考に身を任せて、好きなことに時間を使うべき」です。音楽を楽しんだり、週末出かける予定を立てたりしましょう。

万が一、その日のネガティブなことばかりが頭に浮かんでくるのであれば、ポジティブな面も考えるようにしてみましょう。「今日やってみたこと」について自分で褒めてあげたり、うまくできた点・それほど悪くなかった点を思い返してみたり、興味を引かれたことを振り返ってみたりしてみてください。**悪いことばかりではなく、よいことにも思考をめぐらせて、認知のバランスをとるようにしましょう。**

POINT

○「リハーサル」や「1人反省会」は不安やストレスを感じる原因になっているかもしれません。

○「自分が社交場面の前後でおこなっている安全行動」を書き出し、それぞれのメリット・デメリットを分析してみましょう。

○「1人反省会」をしてしまう人は、「今日の自分のポジティブな面」を思い出して、自分のことを認め・褒めてあげる習慣を身につけましょう！

方法⑧　社会的トラウマの意味づけを書き換える

社会的トラウマを修正する

思春期に対人関係での失敗で苦痛や屈辱を受けた経験が、**こころの傷「社会的トラウマ」**になっていることがあります[※5]。**社交場面で「過去の失敗を思い出してつらい」という人は、まさにこのタイプ**です。

次の手順で、社会的トラウマの記憶に新しい視点を加えて、社交場面をより安全なものに書き換えていきましょう。

社会的トラウマの修正

STEP 1　社会的トラウマになった体験を特定する

社交場面で、「ネガティブな自分」が自然に頭に浮かんでくるようになったきっかけ「**トラウマ体験**（**トラウマを持つきっかけとなった体験**）」を特定します。視線恐怖を持つようになったあたりの出来事を思い出してみましょう。そして、その出来事が起きたときの自分に対するイメージと特定したトラウマ体験のつらさを評価しましょう。評価は０（まったくつらくない）～１００（これ以上ないくらいつらい）としてください。

〈例〉中学の部活動で緊張しすぎて声が出なくなったときに、先輩から嫌なイジり方をされた（つらさ１００）。他人の前で黙り込んでしまう惨めな自分のイメージ（つらさ90）。

STEP 2　トラウマ体験による考えの変化を見つける

特定したトラウマ体験に自分はどのような意味づけをしているのかを考えます。**傷ついた経験がある人は、自分を守りそれでも社会のなかで生きていくために、どうに**

かしてバランスを取ろうとします。このバランスを取るための防衛こそが「個人的な意味づけ」です。

あなたは、トラウマ体験によって「自分の能力・他人への信頼・社会全体の安全さ・対人関係の危険さに関する考え」が変化しましたか？　たとえば、次のような考えを持つようになることがあります。

- 自分は社交スキルが欠けている（自分の能力）
- 他人は批判的だ（他人への信頼）
- 誰も助けてくれない。世間は冷たい（社会全体の安全さ）
- 社交場面は危険だ。恥をかくだろう（対人関係の危険さ）

〈例〉「他人と関わると、ろくなことがない」と考えるようになった。それからは、同年代の人たちがいるところに行くと不安になり、イジられていると思うようになった。あれから、自分はうまく他人と話すことができていないと感じる。

STEP 3 確信度を評価する

トラウマ体験による考えの変化を振り返ったら「それらをどのくらい正しいと思っているか（確信度）」について0～100%で評価していきます。

〈例〉他人と関わるとろくなことがない（確信度80%）。同年代の人たちがいるところに行くと不安になる（確信度100%）。きっとまたイジられる（確信度40%）。自分はうまく他人と話すことができない（確信度70%）

STEP 4 トラウマ体験を再体験する

一度ここまでを振り返ってみましょう。本書では、「中学の部活動で緊張しすぎて声が出なくなったときに、先輩から嫌なイジり方をされた」ことが社会的トラウマとなった〈例〉を取り上げています。彼はひどい屈辱を感じ、自分は無能で他人と交流することを危険と判断するようになりました。そして、社会人となったいまでも、社交場面で自分が批判されているように感じるとのことです。

STEP4では、「**トラウマ体験による考えの変化**」を**修正**していきます。

ＳＴＥＰ４に取り組む場合には、どんなにつらくてもＳＴＥＰ６までは進めるようにしましょう。気持ちがかなり楽になるはずです。ＳＴＥＰ４に取り組む自信がない場合は、ＳＥＰＴ５に取り組んだあとにＳＴＥＰ４に取り組んでもよいです。

まず、目をとじてトラウマ体験の出来事を最初から順序だてて言語化してください。いつ、どこで、誰といて、何をしていてどうなったのか。そのときに感じた気持ちや思考など、あらゆる感情をふくめて再体験していきます。

〈例〉 入部してすぐに自己紹介をする機会があり、先輩から順に始まった。僕は緊張して声が出なくなってしまった。なんとか声を出そうと息を吸い込むと、とても苦しくてこわくなった。顔が赤くなっていくのを感じた。さっきまでザワザワしていた室内は静まり返っている。時間の流れが遅くしんどい。すると、先輩が「こいつパニックになってるぞ」と茶化してきて、みんなに笑われた。すごく恥ずかしくて、震えてしまうぐらい屈辱を感じた。

STEP 5 いまの視点でトラウマ体験を冷静に検討する

STEP5では、目を開けて「トラウマ体験が起きた状況で何が起きたのか」を冷静にいまの視点で検討していきます。行動実験などをとおして自分や他人についての新しい視点を持てたと思います。ここでは、**記憶のなかの「当時の自分」と「いまの自分」を区別することが大切**です。

〈例〉新入生で勇気を出して自己紹介をしたのに、茶化すのはどうかしている。先輩がうまく場を回すこともできただろうに、大勢の前で恥をかかせるような言動をするのは言語道断だ。しかし、よく考えてみると先輩といっても14〜15歳の子どもたちだ。だからあの言動には悪意はなく、場を和ませようとしただけかもしれない。いまの自分の周りをみると、茶化したりバカにしたりしてくる人はいない。緊張していても批判されることはなかった。当時といまでは、自分も周りの人も違う。

STEP 6 社会的トラウマの記憶に介入する

ここでは「社会的トラウマに関する記憶の意味」を安全なものにしていきます。

まず、ふたたびトラウマ体験を思い浮かべます。次に、その記憶のなかにSTEP5で書き出した「いまの自分」を登場させて「社会的トラウマとなった状況にいる自分」に語りかけます。そこで、いまの自分の考えを伝えていきます。共感したり、同情したり、慰めたり、アドバイスをしてあげたりしてもよいです。

〈例〉人前で話すのが苦手なのに、勇気を出して自己紹介をしたね。よく知らない人たちに囲まれて声が出なくなってしまっても、それは仕方がないよ。そういうときこそ先輩たちがどうにかするもんだよ！　これがきっかけで社交場面が苦手になってもおかしくない。ただ、先輩といっても子どもだから、悪意があったわけではないかもしれない。あれから15年たったいまでも初対面の人と会うときは緊張する！　でも、誰からも批判されたことはない。だから社交場面で緊張すること自体問題はないし、私の能力は低くないよ！

STEP 7　社会的トラウマに、新たに安全な意味を与える

トラウマ体験を冷静に見ることができるようになれば、社交場面でトラウマを思い出すことが少なくなったり、つらさが改善されたりするようになります。ここまで紹

介してきた方法で、トラウマ体験に対してこれまでの記憶とは別の見方ができるようになったと思います。

ここではいま一度社会的トラウマの意味を振り返り、確信度（ＳＴＥＰ３）を再評価したうえで、精神的に健康な内容にアップデートしていきましょう。

❶ＳＴＥＰ３で考えた確信度を再評価する

- 他人と関わるとろくなことがない（確信度80％→30％）
- 同年代の人たちがいるところに行くと不安になる（確信度１００％→70％）
- きっとまたイジられる（確信度：40％→10％）
- 自分はうまく他人と話すことができない（確信度：70％→０％）

❷より健康的な考え方に変換する

- 他人と関わると緊張するけど、たいして危険ではない
- イジられるかもしれないけど、そのときは笑って流せばいい

・ほとんどの場合、自分はうまく他人と話すことができる
・タレントや芸人ではないのだから、常に上手に話す必要はない

STEP 8 社交場面でのイメージと社会的トラウマのつらさを再評価する

最後に、社交場面で浮かぶイメージとトラウマのつらさを再評価していきます。つらさは、0（まったくつらくない）〜100（これ以上ないくらいつらい）で判断します。

〈例〉先輩から嫌なイジり方をされた（つらさ100→30）。他人の前で黙り込んでしまう惨めな自分のイメージ（つらさ90→50）。

STEP 9 トラウマの修正終わり！

お疲れさまでした。**社会的トラウマを思い出すこと自体がとても大変なことです。**だからといって、考えないように思考を麻痺《まひ》させたり、思い出しそうな場面をついつい避けたりしてしまうと、余計に社会的トラウマを思い出してしまいます。

今回紹介した方法を使って過去の自分を慰め、社会的トラウマを、より安全な内容

に書き換えることができるように練習してみてください。

この章の最後まで取り組めた方は、つらい記憶と向き合うことができたわけですから、とても勇敢です。きっと社会的トラウマを克服することができます！

POINT

○過去のトラウマ経験が原因で、社交場面でいつもネガティブな自分の姿や記憶を思い出してつらい人は、より健康的な記憶に書き換える必要があります。

○トラウマ体験を冷静にとらえることができるようになれば、社交場面でトラウマを思い出すことが少なくなったり、つらさが改善されるでしょう。

第4章

困りごと別に克服しよう！

第4章の活用法

自分の悩みに応じた克服法を見つける

第3章では認知行動療法の方法とその原理について解説しました。しかし、**「何を恐れているのか」「どのような最悪の結果を想像して不安に思っているのか」は人によって異なります。**そのため、同じ方法であっても活用の仕方が変わってきます。

第4章では、いくつかの経験談をもとに、第3章で紹介した方法を具体的にどのように活用したらよいのかを説明していきます。

あなたの困りごとに近い経験談があれば、文中の「やってみよう！〈付属シート〉」のタイミングで、シートを用いて認知行動療法に取り組んでみましょう（取り組みにポイントがある場合は、「やってみよう！〈付属シート〉」の後ろに記載しています）。また、あなたの困りごとと違う内容であっても、認知行動療法をおこなうにあたってのヒントになるでしょう。

「認知行動モデルの作成」と「行動実験」は、どの経験談でもおこなっていますが、そのほかの方法は一部でのみの紹介となりますので、すべての経験談に目をとおすことをおすすめします。

POINT

- ○自分と同じような人がいれば、その人の経験談を参考にしながら認知行動療法を実践してみましょう！
- ○自分とは異なる悩みを持つ人の経験談も、時間のあるときに読んでみることをおすすめします。

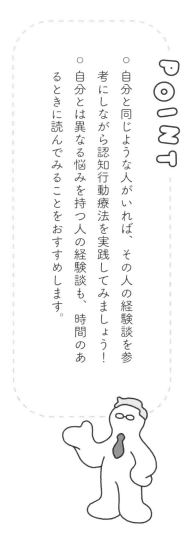

困りごと①震えているところを見られるのがこわい

経験談6

手の震えが見られているであろう場面に不安を感じていた黒木さん（仮名）

黒木さんは、30代女性の建築士で、5年ほど働いています。ある日、朝礼で司会をしているときに原稿を持てなくなるほど手が震えてしまいました。この日以降、人前で何かをすることに強い不安を感じ「同僚が私の手の震えに気づいたらどうしよう」と考えるようになりました。

黒木さんの主な業務は個人住宅の設計図作成のため、個人作業が仕事の大半を占めていましたが、月に数回ある「部署での小規模の会議」や「全体での朝礼の司会」などが、特に苦手でした。参加するだけでも強い不安感や、動悸、手の震えといった不安症状が出ました。いろいろと理由をつけて、司会を断ることもありました。会議では意見交換をしたいと思っていましたが、**周りの人が「自分の手の震え」に気づかないよう、発言を控えていました。**

また、苦手な場面がある日の何日も前からリハーサルをしました。さらにその場面のあとには「こんな私はやっぱりダメだ」と1人で反省会をし、**自分にダメ出しばかりをして、さらに落ち込んでいました。**

このような状況から抜け出したいと思った黒木さんは、セラピストに相談し、認知行動療法を実施することにしました。

目標設定（黒木さん）

黒木さんは、認知行動療法をとおして、次の目標を達成することを目指しました。

・**短期目標**（2か月後）

不安症状に振り回されず周りの人や話の内容に注意を向けられるようになる。

・**中期目標**（4か月後）

不安症状に振り回されずに部署会議（20〜30人規模）で話し合っている内容を把握できたり、自分の意見が言えたりするようになる。全体朝礼（100人規模）での司会を断らずに引き受けられるようになる。

・**長期目標**（1〜2年後）

結婚式の友人代表スピーチなど、知らない人が大勢いる前で話せるようになる。

［やってみよう！〈付属シート〉］ 新しい目標が浮かんだら、その都度追加しましょう。目標を設定するときは「不安や恐怖をなくす」ではなく、**不安や恐怖を感じながらも「何をできるようになりたいか」という「行動」に着目**するようにしましょう。そうすることで、達成の評価もしやすくなります。

認知行動モデルの作成（黒木さん）

次に、黒木さんが最も苦手とする場面「朝礼の司会」を取り上げて、認知行動モデルを作成しました（150ページ）。

認知行動モデルを作成したことで、苦手な社交場面になると「震えに気づかれたら、仕事ができないやつだと思われるんじゃないか」などの考えがいつも頭に浮かび、そのことで不安症状が出現していることに気がつきました。

また、このような予想が現実にならないように、さまざまな安全行動をとっていました。さらに、安全行動をとることに必死で周囲の反応がわからず、ネガティブな自己イメージが強まっていることもわかりました。

［やってみよう！〈付属シート〉］ 認知行動モデルの「A．社交場面」を選ぶときには、**①よくある苦手な場面、②できるだけ最近の場面、③その場から回避せずにしばらくとどまっていた場面**の3つがあてはまる場面で考えてください。

黒木さんの朝礼の場面における認知行動モデル

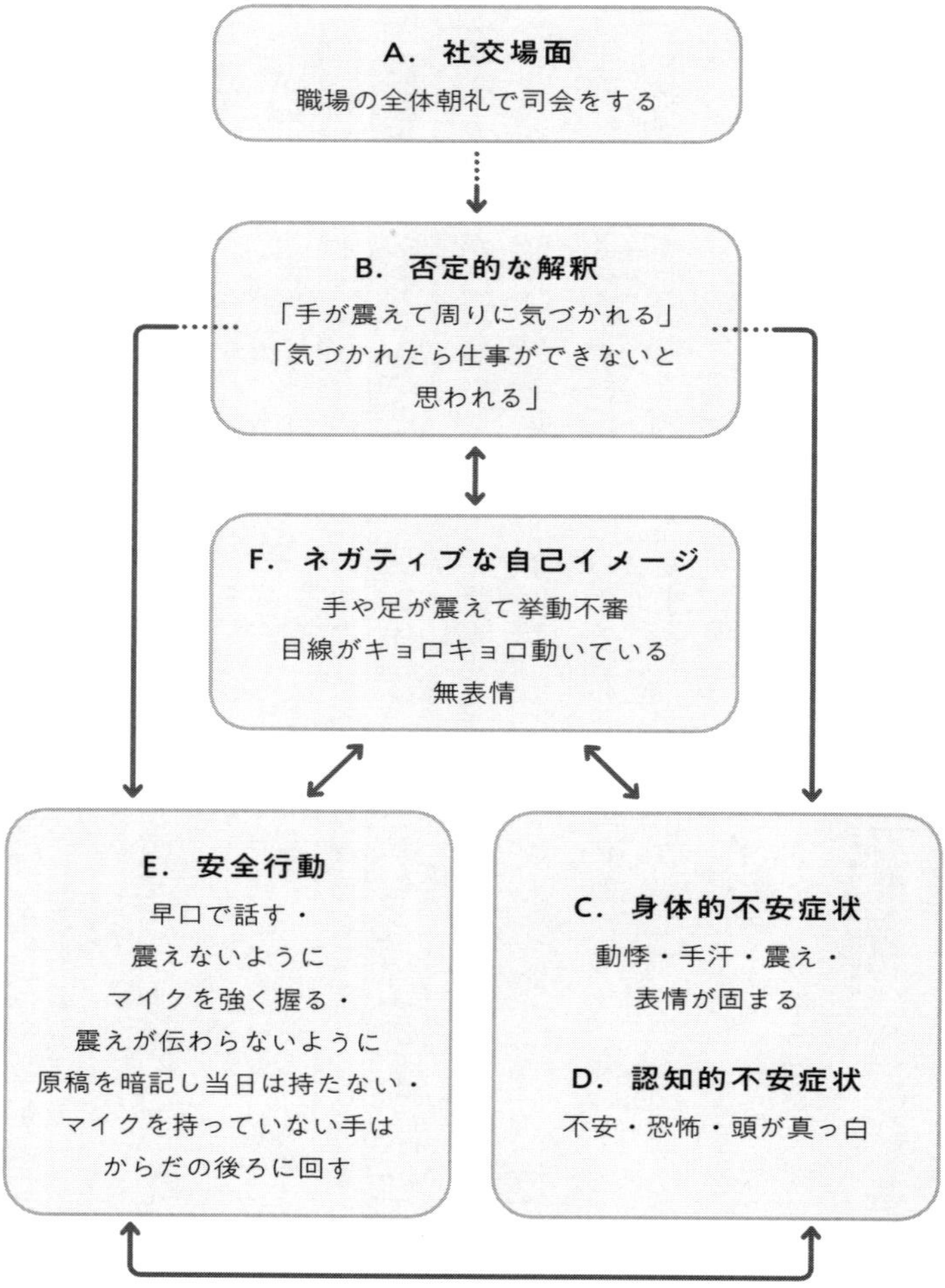

安全行動と自己注目の検討／ビデオ・フィードバック（黒木さん）

黒木さんは、苦手な場面では「手や足が震えて挙動不審になる自分」を頭のなかに思い浮かべていました。そこで、セラピストと協力して「震えを隠そうと一生懸命になり注意が内向きになると、不安は大きくなるのか」「自分が恐れている震えはどれだけ目立つものか（見た目の比較）」を検討することにしました。この2つは、第3章の「方法②安全行動と自己注目の検討」と「方法③ビデオ・フィードバック」の内容です。**方法の詳細については第3章でご確認ください。**

STEP 1 安全行動と自己注目の検討

黒木さんは「朝礼の司会」を想定し、面接室のなかで「〈パターン1〉頑張って震えを隠そうとする場合（安全行動と自己注目あり）」と「〈パターン2〉震えを隠さない場合（安全行動と自己注目なし）」を演じました。聴衆はセラピストと医療事務の2人で、朝礼の場面で最前列にいる人と同じぐらいの距離に座ってもらいました。

また、あとから『実際の見た目の振り返り』をおこなうために、ロールプレイの様

安全行動と自己注目の検討（黒木さんの場合）

想定場面	朝礼の司会	
	〈パターン1〉 安全行動と自己注目あり （震えを隠そうとした場合）	〈パターン2〉 安全行動と自己注目なし （震えを隠そうとしなかった場合）
やること／やらないこと	・早口で話す ・頑張って笑顔をつくる ・マイクを強く握り締め、直立する ・司会原稿を持たず、マイクを持っていないほうの手を後ろに隠す ・司会原稿を完璧に暗記する ・相手にどう思われているかを常に想像する	・「、」「。」を意識してゆっくり話す ・目の前の人の反応に目を向ける ・マイクを軽く握り足を肩幅ぐらいに開いて立ち、軽くからだを揺らす ・要点だけをメモした原稿を手に持ち、わざと少し震わせる。マイクを持っていないほうの手は隠さない ・司会原稿に目を落としてもよいとする ・目の前の人にどう思われているかは考えない
不安度の予想（0（まったく不安を感じなかった）～100（強く不安を感じた））	60点	80点
実際の不安度（0（まったく不安を感じなかった）～100（強く不安を感じた））	70点	30点

子を録画することにしました（安全行動と自己注目の実験をおこなう際には、その様子をビデオで録画しておいて、あとからビデオ・フィードバックとして活用することもよくあります）。カメラの位置は、最前列にいる人の視点としました。

黒木さんの「安全行動と自己注目の検討」の結果は右ページのとおりです。

黒木さんのシートからわかること

黒木さんは、初対面の人にはそこまで苦手意識はなかったのですが、それでも〈パターン1〉の予想の不安度が60点、〈パターン2〉の不安度が80点となっていました。しかし、実際には〈パターン1〉のほうが強い不安を感じた結果になっています。

黒木さんは実験後に、「安全行動に一生懸命になることで動機や震えといった不安をより感じやすくなっていました」「震えを隠さない場合は、普段とは違う行動をとることで不安が高くなると予想していましたが、注意を外に向けると自然と不安に注目しないで済みました」と語っていました。

[やってみよう！〈付属シート〉]　黒木さんの場合は、この実験をセラピストと医療事務と一緒におこないましたが、**1人で即興スピーチをしてみるなど、協力者なしで**

取り組むこともできます。

STEP 2 ビデオ・フィードバック

黒木さんはSTEP1で安全行動と自己注目が不安を高めてしまっていることに気がつくことができました。

では、このロールプレイをおこなっているときの「自分の見た目」はどうなっているのでしょうか？　これを検討するために、先ほどのロールプレイの録画を活用します。

黒木さんのシートからわかること

黒木さんが書き込んだシートをもとに、ビデオ・フィードバックの結果を見てみましょう。黒木さんは〈パターン2〉で手を震わせたにもかかわらず、ビデオ上ではその震えがほとんどわからず、むしろ〈パターン1〉で直立不動の状態で話をしている様子のほうが緊張しているように見えました。予想とは大きく異なったためカメラをさらに1メートルほど近づけ再撮影したところ、ようやくビデオ上で震えを視認でき

黒木さんのビデオ・フィードバックの結果

	〈パターン1〉安全行動をする	〈パターン2〉安全行動をしない
予想(ビデオに映っている自分)	うつむきがちで表情も硬いが、なんとか震えを隠せている自分が映っている (不安そうに見えるか:60点)	明らかに手元がガタガタと震えていて、司会原稿も音を立てて揺れてしまっている自分が映っている (不安そうに見えるか:90点)
実際(ビデオに映っていた自分)	全身が硬直して直立不動なので、とても緊張して自信がないように見えた。まさに「こんな自分や嫌だ」という姿で残念だった (どのくらい不安そうだったか:90点)	震えがまったくといっていいほどわからなかった。からだが揺れているのも、挙動不審というよりは、余裕のある自然な動きのように見えた (どのくらい不安そうだったか:10点)

ました。ただ、実際の朝礼ではこんなに近くで自分のことを見られることはないため、再検証によって黒木さんは不安を少し解消できました。

ビデオ・フィードバックをとおして「自分の震えは思っているよりも目立つものではない」「むしろ不安を隠そうと力を入れたりするほうが、緊張しているように見える」ということがわかりました。

【やってみよう!〈付属シート〉】 黒木さんは、「安全行動と自己注目」のときの録画を用いてビデオ・フォードバックもおこなっていますが、「自分の見た目で気になる行動や不安症状」があれば、それを再現して、その様子を新たに録画してもいいでしょう。その場合、178ページからの日高さんの例が参考になると思います。

行動実験（黒木さん）

ビデオ・フィードバックでの発見をもとに、黒木さんは次の内容で行動実験をすることにしました。

- 周りの人は、自分の震えに気がついているのか
- もし気づいていたとしたら、周りの人はどのような反応をしているのか

行動実験をおこなう場面に、より日常的な場面である『普段から親交のある同僚3人とのランチ』を選び、ランチのときにあえて手の震えを再現する方法にしました。
それでは、次ページの黒木さんの行動実験の内容と結果を見てみましょう。

黒木さんが取り組んだ行動実験の結果

状況 恐れている社交状況や社交場面	仲のいい同僚3人とのランチ
予想 何が起こると考えますか？ どのようにしてわかりますか？ その確信度は？（0-100%）	周りの人は私の手の震えにすぐ気がつく ●震えている手にみんなの視線が集まる（80%） ●震えていることを心配される（60%） ●震えていることをバカにされたり、茶化されたりする（40%）
実験 予想を検証するために何をしますか？ （安全行動と自己注目をやめることを意識しましょう）	●会話の最中に、ペットボトルを口元に近づけて手を震わせる ●手を震わせたあとに、同僚の視線がどこに向いているか注意深く観察する ●手を震わせたあとの同僚の表情・会話の内容を観察する・聞く
結果 何が起こりましたか？ 予想は正しかったですか？ （0-100%）	●最初は誰も気づかなかったので、少し大げさに震わせたところ、こぼれてしまったお茶を２人が見た（１人は明らかに私の手元も見た） ●でも、私が震えていることにもお茶がこぼれたことにも誰もツッコみを入れなかった（こんなにもスルーされると逆にさみしい気持ちになった） ●予想はほとんど外れた（10%）
学んだこと 実験から何を学びましたか？ 予想したことは現実になりましたか？ 納得がいかないことはありますか？ 今後どのような実験に取り組むとよさそうですか？	●１人だけ手元を見たが、震えている最中ではなかったので、震えには気づいたわけではなさそうだ ●「気づいてほしい」と思いはじめると、逆にどれだけ自分が注目されていないかがわかった。思ったよりも周りの人は自分を気にしていないかもしれない ●もしかしたら私の顔をチラ見していた１人は、本当は気づいていたけど指摘しなかっただけかも。今度は何でもいい合える家族との夕食のときに同じ実験をしてみよう

黒木さんのシートからわかること

予想どおり**周りの人は自分の震えを案外見ていないことがわかり、自信をつけることができました。**このあと、「上司に書類を渡す際に、手が震えたら気づかれるか」という実験をしてみたそうです。すると上司からは「震えているみたいだけど大丈夫か？」と心配するような発言はありましたが、**黒木さんに対する対応が変わることはありませんでした。**「上司の発言は単に自分を心配してくれていたもので、震えによって自分の能力が低く評価されたわけではない」ということがわかりました。

一連の行動実験をとおして、自分ではなく外に注意を向けられるようになった黒木さんは、会議のあとに「あ〜、上司に見られて緊張した」と話している同僚がいることにも気づきました。「**誰でも大なり小なり、人に見られることに不安を感じるものなのだ**」と思うようになったそうです。

「**やってみよう！〈付属シート〉**」本当に震えが出現したときに行動実験に取り組むこともできますが、このようなときは不安感も強くなっており冷静に周りの状況を観察できない場合が多いです。そのため「再現する方法」を採用することで、冷静に実験に取り組み相手の反応を注意深く観察することができます。このように、**行動実験では、必ずしも不安を高める必要がない**ということを押さえておきましょう。

予期不安に対処する／1人反省会をコントロールする（黒木さん）

黒木さんは、さまざまな行動実験に取り組んだことで、社交場面で緊張することが減りました。それでも、会議や朝礼のイベントがあると、何日も前からリハーサルをしたり、１人反省会をして落ち込んだりしました。

そこで、セラピストと協力しながら、リハーサルと1人反省会のメリット・デメリットを比較することにしました。実際に黒木さんが書き出したものを次ページで見てみましょう。

リハーサルの分析（黒木さん）

<table>
<tr><th colspan="2">社交場面の前にやっていること</th></tr>
<tr><td colspan="2">・一言一句を書き出したカンペを作成する
・カンペを暗記できるようになるまで何度も復唱・練習する
・失敗するシミュレーションをする</td></tr>
<tr><th>メリット</th><th>デメリット</th></tr>
<tr><td>・いいたいことをまとめられる</td><td>・カンペをつくること自体が大変
・復唱すればするほど、ちょっとしたいい間違いに敏感になってしまう
・練習をすればするほど、「完璧にやらなきゃ」という意識が強くなってしまう
・当日、リハーサルしていない想定外のことが発生したときに、頭が真っ白になってしまう
・会議の場面だと、実際に何を聞かれるかがわからないため、リーサル自体が意味をなさない
・終業後に長時間のリハーサルをすることで、ゆっくり休めないし、神経が高ぶって眠れなくなる（不眠時の頓服を使用してしまう）</td></tr>
<tr><th colspan="2">メリットとデメリットを比較して気づいたことは？
メリットを最大限に、デメリットを最小限にする方法は？</th></tr>
<tr><td colspan="2">・事前に準備すること自体はあながち間違いではないが、「やりすぎ」が問題
・カンペはポイントのメモ書きぐらいにする</td></tr>
</table>

1人反省会の分析（黒木さん）

社交場面のあとにやっていること	
・想定どおりに進まなかったことについてダメ出しをする ・もっとうまくいえたんじゃないかと後悔をしてしまう ・否定的な反応をしていた人や、曖昧な表情をしている人を何度も思い出す	
メリット	**デメリット**
・何もない （次に活きる反省があればいいけれど、対策についてはまったく考えられていない）	・ダメ出しや後悔ばかりなので、どんどん落ち込んでしまうし、自信がなくなる ・「次もうまくいかないんじゃないか」という考えが強くなる ・何日も失敗したことをくよくよ考えてしまうので、ほかのことに手がつかないし、ゆっくり休めないし、休日も無駄になる ・相手がそのときにどう思っていたかは、結局のところわからないことが多い
メリットとデメリットを比較して気づいたことは？ メリットを最大限に、デメリットを最小限にする方法は？	
・くよくよとダメ出し続けることには何のメリットもない ・本来、振り返りは次に活かすためにおこなうこと。なので、ダメ出しをすることがあったら、同時に「次にできることは何か」を考える ・よかったこと、できたことにも目を向ける ・1人で考えていても解決しないことはたくさんあるので、その場にいた人やほかの人にも意見や感想を聞いてみる	

一通りワークをおこない、黒木さんは**社交場面の前後でやっている行動はメリットよりもデメリットのほうが多い**ことに気がつきました。また、予期不安と1人反省会のモードに入ったときに、そのモードに入っている自分にも気づけるようになりました。気づいたときは、次のことを思い出すようにしたそうです。

- リハーサルはやりすぎない
- 次につながる対策を考える
- よかったところ・できたところにも目を向ける
- ほかの人の意見を聞いてみる

その後「会議のときに頭に浮かんだことをそのまま口に出してみる」「ポイントだけを記載したカンペをつくって、司会に臨んでみる」といった行動実験にも取り組んでみたことで、入念なリーサルや準備をしなくてもうまくいくという体験を積み重ね、リハーサルと1人反省会にかける時間も少なくなっていきました。

［やってみよう！〈付属シート〉］

黒木さんの変化

黒木さんは多少の不安を抱えながらも、実際に会議の場面で自分の意見をいえるようになり、朝礼の司会をこなすことができるようになりました。長期目標については、機会があれば友人の結婚式のスピーチなどにチャレンジしてみたいそうです。

また、目標とは別に、人目のあるジムでのフィットネスやヨガなどを再開したり、楽しい余暇の過ごし方にも挑戦したいとのことでした。

POINT

○『手の震えを見られるのがこわい』黒木さんは「安全行動と自己注目の検討」「ビデオ・フィードバック」「複数の行動実験」をおこないました。

○これらをとおして、「震えは思ったよりも目立つものではない」「震えに気づかれたとしても自分の能力がそれで評価されるわけではない」ことに気づくことができ、『手の震えを見られるのがこわい』を少しずつ克服できました。

困りごと②
人前でいい間違えるのがこわい

【経験談7】
プレゼンなどの場面で強い不安を感じていた長友さん（仮名）

長友さんは、20代男性の営業職の会社員です。視線恐怖を感じるようになったのは中学生の頃。ある日の数学の時間に、黒板に書いた解答が間違っていたことを周囲の生徒にからかわれました。ただ、学校生活では人前で発表する機会はそこまで多くなかったため、特に問題なく中高時代を過ごしました。

その後大学に入学。3年生になると研究室のゼミで発表をする機会が増え、だんだんと大学が苦痛になりました。なんとか卒業して就職したものの、仕事で自社の商品説明をする機会に強い不安を感じました。

職場の直属の上司や仲のよい同僚には「5人以上の人がいる前で話をすることが苦手である」と伝えており、同僚からは「そのうち慣れるよ」「それなりにできているから心配しなくていいよ」といわれてきました。

長友さんとしては、それなりに場数を踏んでいるはずなのに一向に人前でのプレゼンに慣れてきている実感がなく、むしろ不安が強くなっているような気がしていました。そこで精神科を受診し、視線恐怖を持つ人のための認知行動療法をおこなうことにしました。

目標設定（長友さん）

長友さんは認知行動療法をとおして、次の目標の達成を目指すことにしました。

- **短期目標**（2か月後）

少人数の聴衆（5〜10人）の前で、プレゼンをこなせるようになる。

・中期目標（4か月後）

中規模の聴衆（40～50人）の前で、プレゼンをこなせるようになる。自分の意見をいえるようになる（質疑応答の対応など）。

・長期目標（1～2年後）

大規模な聴衆（100人以上）の前で、プレゼンをこなせるようになる。自分の意見をいえるようになる（質疑応答の対応など）。

［やってみよう！〈付属シート〉］

認知行動モデルの作成（長友さん）

長友さんは、社交場面で自分に起きていることを理解するために、最近あった『商品説明のプレゼンの場面（5人の聴衆）』をもとに認知行動モデルを作成しました（169ページ）。

すると、自分は特に、言葉に詰まること・いい間違えてしまうことを恐れているとわかりました。また、こういった状況を考えると、動悸を感じ呼吸が浅くなり、頭が真っ白になってしまい、これらによって『**いわなければならないことが頭から飛んでしまう**』**ことが一番の悩み**だということもわかりました。さらに、言葉に詰まったりいい間違えをしたりしないように、次のようなこともおこなっていました。

- 唾を飲み込みながらゆっくりと話す
- 自分の呼吸を意識して深呼吸をたくさんする
- 一言一句書き出したプレゼン用のメモを用意して入念にリハーサルする（そのため、こころが休まる暇もなかった）

［やってみよう！〈付属シート〉］

長友さんのプレゼン場面の認知行動モデル

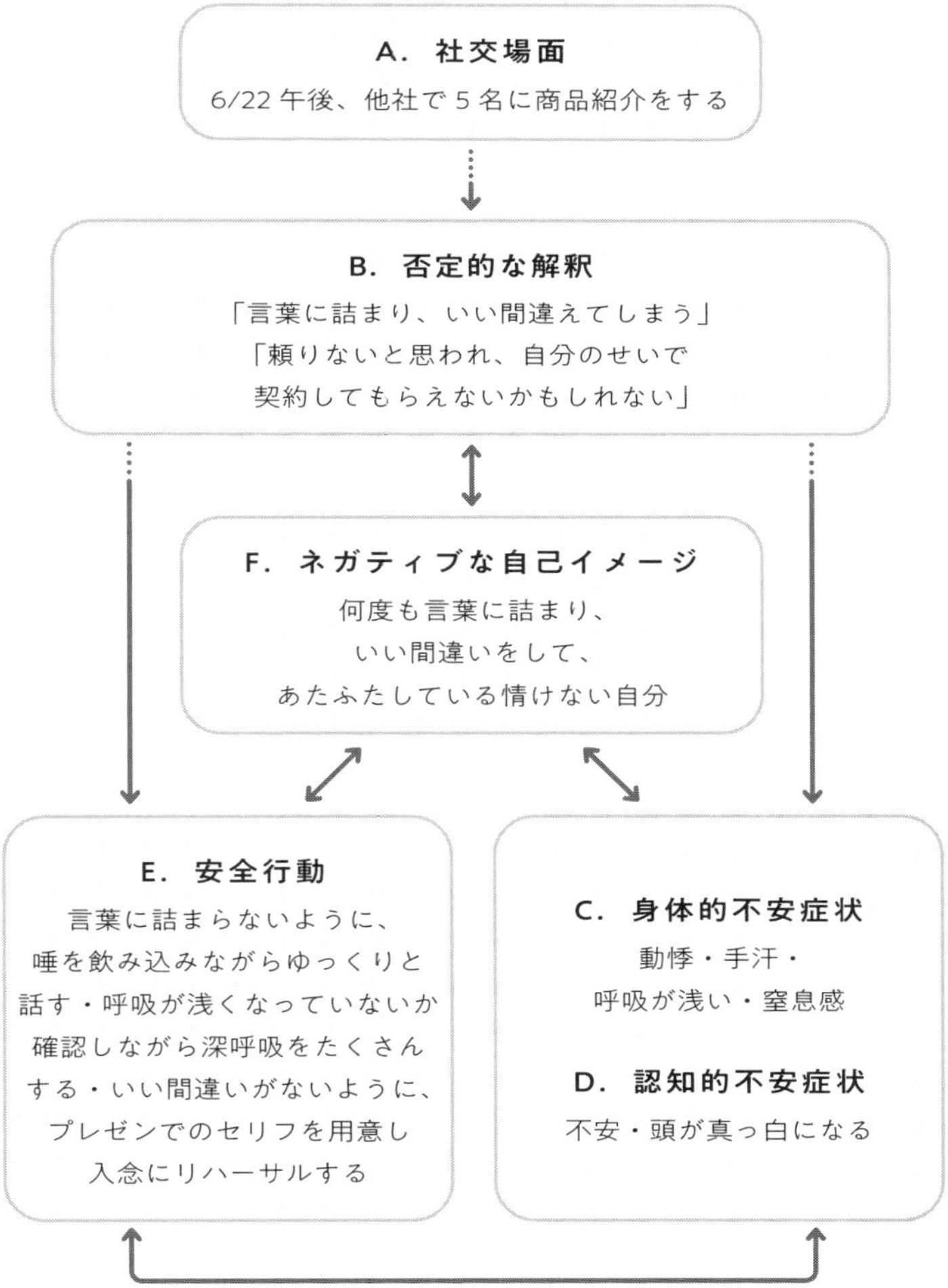
A. 社交場面
6/22 午後、他社で 5 名に商品紹介をする
B. 否定的な解釈
「言葉に詰まり、いい間違えてしまう」
「頼りないと思われ、自分のせいで
契約してもらえないかもしれない」
F. ネガティブな自己イメージ
何度も言葉に詰まり、
いい間違いをして、
あたふたしている情けない自分
E. 安全行動
言葉に詰まらないように、
唾を飲み込みながらゆっくりと
話す・呼吸が浅くなっていないか
確認しながら深呼吸をたくさん
する・いい間違いがないように、
プレゼンでのセリフを用意し
入念にリハーサルする
C. 身体的不安症状
動悸・手汗・
呼吸が浅い・窒息感
D. 認知的不安症状
不安・頭が真っ白になる

注意シフト・トレーニング（長友さん）

長友さんは、プレゼンのときに頭が真っ白になってしまい、自分の呼吸や喉が詰まりそうな感覚ばかりに注意が向いてしまっていました。そこで、注意を柔軟にするために「注意シフト・トレーニング」に取り組むことにしました。

STEP 1 1人で五感を使って注意を外に向ける

まず、長友さんは五感をフルに使って、家にいるときに周りの環境に注意を向けてみました。すると、次のようなところに注意が向きました。

- 部屋の壁の小さなシミ、日焼けによる微妙な色合いの違い
- 時計の針が動く音、パソコンのファンが回る音、部屋の外を車が走る音
- ちょっとカビ臭い感じ、自分の口臭
- 座っている椅子の座面の感覚、Tシャツが肌に触れている感覚

STEP 2 1人で注意を内外に切り替える

今度は、自分の内側に注意を向ける自己注目と、外側に注意を向ける外部注目を切り替える練習をしました。長友さんのおこなったメニューを見てみましょう。

長友さんはまず、❶最近あった悩ましい出来事について考えました。長友さんの最近の悩みは「自動車の保険をどれにすればいいだろうか」でした（ここで、社交場面の悩みを取り上げてもいいのですが、それ以外の給料や昇進、育児などの社交場面以外の悩みでもよいです。悩みごとで頭が一杯になればなるほど、注意を向ける先を切り替える練習になります）。

次は、❷外部に注意を向けていきます。最初のうちは、注意を外に向けようと思っても、さっきまで考えていた悩みごとに注意が引き戻される感覚があったそうです。そのようなときに長友さんは、注意が戻ってしまう自分を責めることなく、**まずは「向けようと思っていたところから注意が逸れている自分」に気づき、ゆっくりと注意を向けようと思っていたところに戻ることを意識しました。ここでは、注意を向ける対象を繰り返し変えることが一番大切**です。

注意シフト・トレーニングのメニュー（長友さん）

2分	①最近の悩みごとを考える（車の保険をどれにすればいいだろうか）
2分	②視覚（五感）をとおして外部注目をおこなう（窓から見える景色に注目する）
2分	③悩みごとを考える（車の保険をどれにすればいいだろうか）
2分	④音楽を流して楽器の音を聞き分ける
2分	⑤悩みごとを考える（車の保険をどれにすればいいだろうか）
2分	⑥コーヒーを一口飲んで、その味の変化や余韻に注目する

※「自己注目⇔外部注目」を順番に切り替えるだけでなく、「外部注目をしながら、視覚⇒聴覚⇒味覚」といったように、感覚同士の注意の切り替えをおこなってもいいでしょう。

注意シフト・トレーニングの記録（長友さん）

日付	時間帯・場所	取り組んだ内容・時間
5/13（月）	帰宅後・自宅	STEP 1（視覚・聴覚・嗅覚）・10分
5/14（火）	朝・自宅 帰宅後・自宅	STEP 1（視覚・聴覚）・5分 STEP 2（悩みごと・視覚・聴覚）・15分
5/15（水）	帰宅後・自宅	STEP2（悩みごと・聴覚・味覚）・5分
5/16（木）	営業の合間・ファミレス	STEP2（悩みごと・視覚・聴覚・味覚・嗅覚）・15分
5/17（金）	帰宅後・自宅	STEP2（悩みごと・視覚・聴覚）・5分
5/18（土）	昼・実家	STEP2（悩みごと・聴覚）・30分
5/19（日）	朝・実家 夜・自宅	STEP2（悩みごと・聴覚）・30分 STEP1（聴覚［音楽を活用］）・5分

長友さんは隙間時間に、４週間かけて毎日、注意シフト・トレーニングに取り組みました。注意の切り替えがうまくなると、苦手な社交場面で余裕がなくなった状態でも**「自己注目している自分に気づき、そのほかの注意を向けるべき対象**（**相手の反応や会話の内容**）**に注意を向け直す」「目の前で起こっていることを正確に捉える」ことができるようになった**そうです。

［やってみよう！〈付属シート〉］

行動実験（長友さん）

黒木さんと同じように、長友さんもプレゼンの場面を想定して行動実験をおこなおうとしましたが、**ハードルの低い場面で行動実験をおこないたいと思いました。**

そこで、長友さんはオンラインでやっている無料のスピーチ練習会で実施してみようと考えました。このイベントの概要を読んでみると、人前で話すことが苦手な人が対象で、短時間の即興スピーチの練習などをおこなっているようでした。初回はイベントの雰囲気を知るために視聴のみで参加しましたが、ほかの人が頑張ってスピーチしている様子に勇気づけられ、自分も即興スピーチをすることを決意しました。

計画を綿密に立てる時間がなかったので、次のことを決めて即興スピーチに挑みました。長友さんがおこなった行動実験の記録は175ページのとおりです。

- 頭に思い浮かんだことをそのまま口に出す
- 言葉に詰まったり、いい間違いをしたりしても、とにかく話を先に進める
- ほかの参加者の表情や反応を注意深く観察する

［やってみよう！〈付属シート〉］ 行動実験をおこなう機会が突然やってくることがあります。そのような場合は、**行動実験の場面でやることだけを決めておいて、あとからシートを活用しながら振り返ることもできます。**「予想」の項目についても、あとから考えてみると「何が起こることを恐れていたのか」を思い出せる場合が多いです。

長友さんが取り組んだ行動実験の結果

状況 **恐れている社交状況や社交場面**	オンラインのスピーチ練習会 （参加者は自分以外に6人）
予想 **何が起こると考えますか？どのようにしてわかりますか？その確信度は？（0-100%）**	言葉に詰まったりいい間違えをしたら、その場がシラケるだろう ●自分の即興スピーチが終わったら、沈黙が続く（10秒ぐらい）（20%） ●お世辞や気を遣った言葉が聞かれる（40%） ●ダメ出しをされる（10%）
実験 **予想を検証するために何をしますか？（安全行動と自己注目をやめることを意識しましょう）**	●頭に思い浮かんだことをそのまま口に出す ●言葉に詰まったり、いい間違いをすることが多少あっても、とにかく話を先に進める ●ほかの参加者の表情や反応を注意深く観察する
結果 **何が起こりましたか？予想は正しかったですか？（0-100%）**	●準備の時間がほとんどなかったので、言葉に詰まることやいい間違いはあったし、話の順序も整理できていなかった ●でも、お題（休日の過ごし方）について、ありのままを率直に伝えることができた ●即興スピーチ後、自分の趣味に関心を持ってくれた人がいくつか質問をしてくれた ●ダメ出しはなく、お世辞や気を遣った言葉はなかったように思う（予想：0%）
学んだこと **実験から何を学びましたか？予想したことは現実になりましたか？納得がいかないことはありますか？今後どのような実験に取り組むとよさそうですか？**	●ほかの人たちは、言葉に詰まったりいい間違いは気にしておらず「内容」に関心を持っているようだった ●ほかの人の即興スピーチを聞いていると、ほかの人もたくさん言葉に詰まったりいい間違いをしたりしていたが、誰も気にしている様子はなかった ●よくよく考えてみると、職場でのほかの社員のプレゼンでも、言葉に詰まったりいい間違いをしたりしている可能性があるが、そのことに目が向いていなかった。今度、ほかの社員がどれだけ言葉に詰まったりいい間違いをしたりしているか観察をしてみよう

長友さんの変化

長友さんは、約4か月間認知行動療法に取り組みました。いまだにプレゼンの場面に苦手意識はあるものの、言葉に詰まることなどは一切気にしなくなりました。注意シフト・トレーニングに取り組んだことで、頭が真っ白になりかけたときでも冷静に注意を本題に戻すことができるようになりました。

ほかの社員のプレゼンを観察してみたりもしました。すると、全員が何かしら言い間違いや、言葉に詰まる場面がありました。営業成績トップの社員ですらそうでした。しかし、そのことを気に留める上司も顧客もいませんでした。

この経験をとおして長友さんは、**「会社のプレゼンなどでは、言葉の詰まりやいい間違いはあくまで些細《ささい》なことであって、やはり商品そのものの価値、あるいはその商品に対する社員の知識と熱意を顧客に伝えることが、何よりも重要である」**ということに気づきました。

POINT

○『人前で話すのがこわい』長友さんは「注意シフト・トレーニング」「行動実験」などを約4か月間おこないました。

○長友さんの場合、行動実験の場として選んだオンラインスピーチ練習会が『人前で話すのがこわい』を克服するスモールステップとして最適でした。

○外部注意をできるようになってからは、「言葉に詰まったり、いい間違いをしたりするのは自分だけではない」ということを発見でき、少しずつ克服することができました。

困りごと③　顔が赤くなるところを見られるのがこわい

【経験談8】

緊張したときに顔が赤くなることが嫌だった日高さん（仮名）

30歳の女性事務員の日高さんは、緊張すると顔が赤くなりやすいことを小学生の頃から自覚していました。クラスで発表をするときは、できるだけほかの人に発表をしてもらったり、自分が発表しなければならないときは頬のあたりを手で隠すなどして、なんとか乗り切ってきました。

現在の職場では、人前で発表するような機会はありませんが、会社を訪れた初対面のお客さんの対応をするときなどに緊張して顔が赤くなってしまうことを気にしていました。そのため、来客対応はできるだけ避けており、来客者に気づいていないふりをして、ほかの事務員が対応するのを待つことが多い状況でした。

ほかの事務員が不在で自分が来客対応をしなければならないときは、少し前屈みになって「髪で顔が隠れるようにする・手で頬を隠す・手短に要件だけを話す」といった対処法をとってきました。来客対応はこれでなんとか乗り切っていたのですが、来客のたびにビクビクしている自分が嫌でした。また、最近気になる人ができたこともあり、その人とご飯を食べに行くことを長期目標に、認知行動療法に取り組むことにしました。

目標設定（日高さん）

日高さんは、認知行動療法をとおして、次のことを目標としました。

・短期目標（2か月後）

来客対応のときに、髪や手で顔を隠さないようにする。

・中期目標（4か月後）
来客があったときに、自分から率先して対応をする。

・長期目標（1〜2年後）
❶来客対応のときに、顔が赤くなることが気にならなくなる。ちょっとした雑談もできるようになる。❷気になる人とご飯を食べに行く。

［やってみよう！〈付属シート〉］

認知行動モデルの作成（日高さん）

日高さんは、最近あった『来客の対応をした場面』を取り上げて、認知行動モデルを作成しました。

［やってみよう！〈付属シート〉］ 赤面を恐れる人によくあるほかの安全行動の例としては「赤面しないように薄着をする」「赤面がわかりにくいように厚化粧をする」「常にマスクをつける」があります。

日高さんの来客対応場面の認知行動モデル

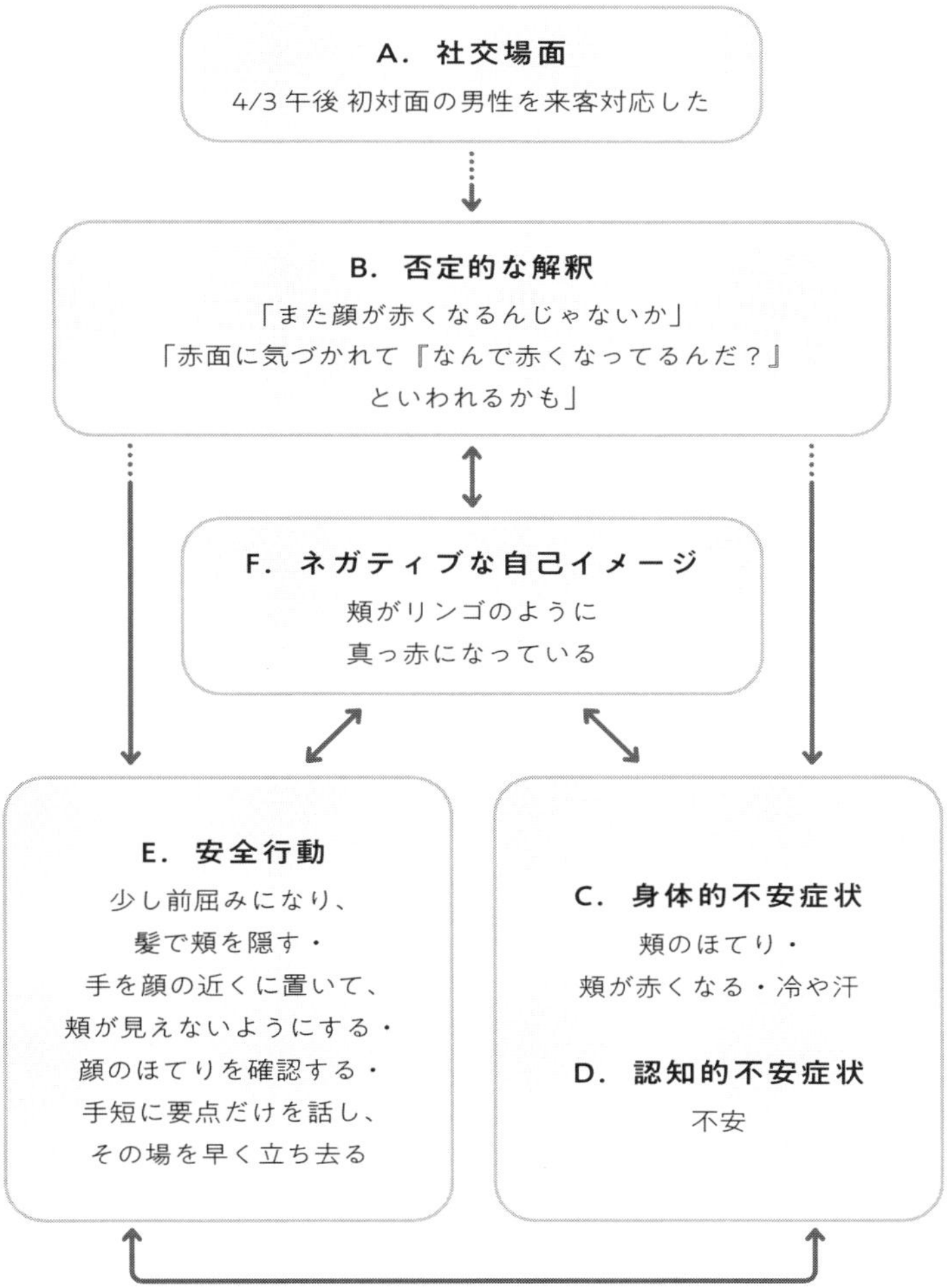
A. 社交場面
4/3 午後 初対面の男性を来客対応した
B. 否定的な解釈
「また顔が赤くなるんじゃないか」

「赤面に気づかれて『なんで赤くなってるんだ？』

といわれるかも」
F. ネガティブな自己イメージ
頬がリンゴのように
真っ赤になっている
E. 安全行動
少し前屈みになり、
髪で頬を隠す・
手を顔の近くに置いて、
頬が見えないようにする・
顔のほてりを確認する・
手短に要点だけを話し、
その場を早く立ち去る
C. 身体的不安症状
頬のほてり・
頬が赤くなる・冷や汗
D. 認知的不安症状
不安

ビデオ・フィードバック（日高さん）

震えを恐れていた黒木さんのように、日高さんも「安全行動と自己注目の検討」をおこない、安全行動と自己注目をすることが不安を高めてしまうことに気づきました（日高さんの「安全行動と自己注目の検討」は本書では省略します）。

しかし、**日高さんが最も恐れていたのは、顔のほてりを感じたときの「見た目」**でした。そこで、ビデオ・フィードバックでは一番顔のほてりを感じたときのロールプレイの録画を用いて、実際にどれだけ赤くなっていたか、色見本（カラーチャート）を使って調べることにしました。

STEP 1 色見本を見て予想を立てる

まずは、色見本を用いて「きっと自分はこのぐらい赤くなっているだろう」という予想を立てます。色見本は、インターネットで「色見本　赤」と検索して参照します。日高さんは、頬がリンゴのように真っ赤になっているイメージだったので、色見本でもかなり鮮やかな赤色を選びました。

STEP 2 ビデオと予想を比較する

その後、「安全行動と自己注目の検討」の録画記録を見返してみると、画面上では赤みを帯びていない肌の色になっており、色見本と比べても予想とまったく違う色でした。顔のほてりを感じなかったタイミングの録画も見てみましたが、顔のほてりを感じたときと見分けがつかなかったのです。

このビデオ・フィードバックをとおして、日高さんは「**自分が感じていること・イメージしていること**」と「**実際の見た目**」**には大きな違いがある**、という重要なことを発見することができました。

「**やってみよう！〈付属シート〉**」ロールプレイで緊張する場面をつくることが難しい場合には、スクワットなどの軽い運動をすることで、緊張したときと似たような顔のほてり・赤面の状態を再現することができます。

行動実験（日高さん）

ビデオ・フィードバックでの発見をもとに、「周りの人は自分の赤面に気がつくのか」「もし気づいたとしたら、周りはどのような反応をするのか」を検証する行動実験に取り組みました。ここでは震えを恐れていた黒木さんのように、赤面が出現する状況を待つのではなく、あえて赤面を再現・模倣する方法「**チーク**」**を使用した行動実験**をおこないました。つまり、赤いチークを頬につけて、赤面を再現するということです。日高さんがおこなった実験の内容と結果を見てみましょう（185ページ）。

［やってみよう！〈付属シート〉］行動実験のポイントは、安全行動と自己注目をやめることです。

日高さんの変化

日高さんは、ビデオ・フィードバックや行動実験をとおして新しい気づきを得たことで、**2か月が経過した時点で来客対応を率先してできるようになり、3か月の時点では来客対応中に雑談ができるようになり、赤面のことも気にならなくなりました。**今後は「気になる人とご飯に行く」ことを目指して、まずはメッセージを送ることに挑戦してみるそうです。

日高さんが取り組んだ行動実験の結果

状況 恐れている社交状況や社交場面	職場の食堂
予想 何が起こると考えますか？ どのようにしてわかりますか？ その確信度は？（0-100%）	周りの人は私の赤面にすぐ気がつくと思う ●私の顔に視線が集まる・凝視される（90%） ●赤面していることを指摘される（50%） ●赤面していることを心配される（40%）
実験 予想を検証するために何をしますか？ （安全行動と自己注目をやめることを意識しましょう）	●赤めのチークを頬につける ●その状態で食堂に行き、仲のいい同僚と食事をする ●列に並んでいるとき、同僚と食事をしている時に、下を向いたり、顔や頬を隠さない ●顔のほてりを観察するのではなく、食堂のスタッフや、ほかの同僚・社員の目線がどこに向いているかを顔をあげてしっかり観察する
結果 何が起こりましたか？ 予想は正しかったですか？ （0-100%）	●少し多めにチークをつけた ●私の顔に視線が集まったり凝視されるようなことはなかった ●会話をしているときに、同僚が私の顔を見ることはあったが、凝視というよりは、単に話をしている人の顔を見ている感じだった ●特に顔の赤さを指摘されることはなかったが、「化粧変えた？」といわれた ●予想はすべて外れた（0%）
学んだこと 実験から何を学びましたか？ 予想したことは現実になりましたか？ 納得がいかないことはありますか？ 今後どのような実験に取り組むとよさそうですか？	●実験の最中はドキドキしていたが、周りが全然気づいていないようだったので、すぐに慣れた ●凝視はされなかったが、普段と少し違うことには気づかれた。でも、赤面ではなく、化粧を変えたと思われたようだった ●多少の赤面は、化粧のせいだと思われるのかもしれない ●ちょっと緊張するけど、もっと赤めのチークで実験してみてもいいかもしれない

『汗をかいているところを見られるのがこわい』場合は？

読者の方のなかには、『汗をかいているところを見られるのがこわい』という方もいると思います。認知行動療法はこれまで紹介した黒木さんや日高さんと同じような流れでよいですが、**行動実験で発汗を再現する方法**を紹介しておきます。

『汗をかいているところを見られるのがこわい』も、視線恐怖を抱える人によく見られます。行動実験で発汗を再現するにあたって、実験の前に汗をかくような運動をしたり、汗をかくぐらい厚着をする方が多いのではないでしょうか。この方法も有効ではありますが、ほてったり、からだが熱くなったりすると自己注目が起こりやすく、冷静に周囲の状況を観察できない場合があります。

そこで、ほかの方法として、**ペットボトルや水道の水を、顔やおでこ、脇などの気になる部分につける**というものがあります。この方法だと、周りから見ると汗をかいているようには見えますが、顔のほてりやからだが熱くなることはないため、冷静な状態で実験をおこなえます。

POINT

○『顔が赤くなるところを見られるのがこわい』日高さんは、「ビデオ・フィードバック」「行動実験」などの認知行動療法を約3か月間おこないました。

○顔が赤くなっているという自分の「感覚」と、実際の「見た目」のギャップに気づいたことが、克服するきっかけになりました。

○『汗をかいているところを見られるのがこわい』方は、186ページをご覧ください。

困りごと④ 場違いなことをいって注目されるのがこわい

【経験談❾】

自分の発言で会話の雰囲気を壊してしまわないか不安な高橋さん（仮名）

高橋さんは、30代の専業主婦で、幼稚園に通う息子さんがいます。もともと人見知りな性格で人づきあいも得意ではなく、友達も決して多いほうではありませんでしたが、気が合う友達は常に2～3人はいたので学生の頃は友達づきあいに困ることはありませんでした。20代の頃に職場の同僚の人と結婚し、出産をきっかけに退職、専業主婦になりました。

子どもが幼稚園に通うようになってから、よく行く公園や送迎のときにほかの子のお母さんたちと立ち話をする機会が増え、「的外れなことをいって、場の雰囲気を壊してしまわないか」「おもしろいことをいえないので、つまらない人だと思われていないだろうか」ということを気にするようになりました。

できるだけそのような場面を避けようとは思うのですが、自分のせいで子どもが公園で遊ぶ機会がなくなってしまったり、立ち話のなかで出てくる幼稚園事情を知る機会がなくなると子どもの不利益になってしまうと思い、苦痛を感じながらも立ち話は避けないようにしてきました。

ほかの子のお母さんたちともっと仲よくなりたいという思いはあったので「不安な気持ちを持つことなく楽しく過ごしたい」「できれば、どこかに一緒にお出かけもしてみたい」と思うようになり、認知行動療法に取り組むことにしました。

目標設定（高橋さん）

高橋さんは、認知行動療法をとおして次の目標達成を目指すことにしました。

- **短期目標**（2か月後）

幼稚園の送迎や公園でママ友と話すときに、聞かれたことに答えるだけでなく、自分からも話をふったり質問したりすることができるようになる。

- **中期目標**（4か月後）

ママ友と事前に約束をして公園で遊んだりお出かけしたりできるようになる。

- **長期目標**（1〜2年後）

プライベートでも交流できて、気軽に話ができるような仲のいいママ友をつくる。

［やってみよう！〈付属シート〉］

認知行動モデルの作成（高橋さん）

高橋さんは「送迎のときに一緒になったママ友と立ち話をする」場面を取り上げて、認知行動モデルを作成しました。

［**やってみよう！〈付属シート〉**］　場の雰囲気を壊すようなことをいって、注目されてしまうことを恐れている場合におこなう安全行動の例としては、「自分の話題にならないように、あるいは会話が途切れないように質問ばかりする」があります。

行動実験①（高橋さん）

高橋さんは、『場違いなことをいってしまったりおもしろいことをいえないことによって、自分に注目を集めてしまうこと』を恐れていました。最初に思い浮かんだ行動実験は、「場違いなことをいったら周りはどう反応するか？　つまらないことをいったら周りはどう反応するか？　頭のなかに浮かんだことをそのまま口に出したら周りはどう反応するか？」といったものでした。

高橋さんのママ友との立ち話の場面の認知行動モデル

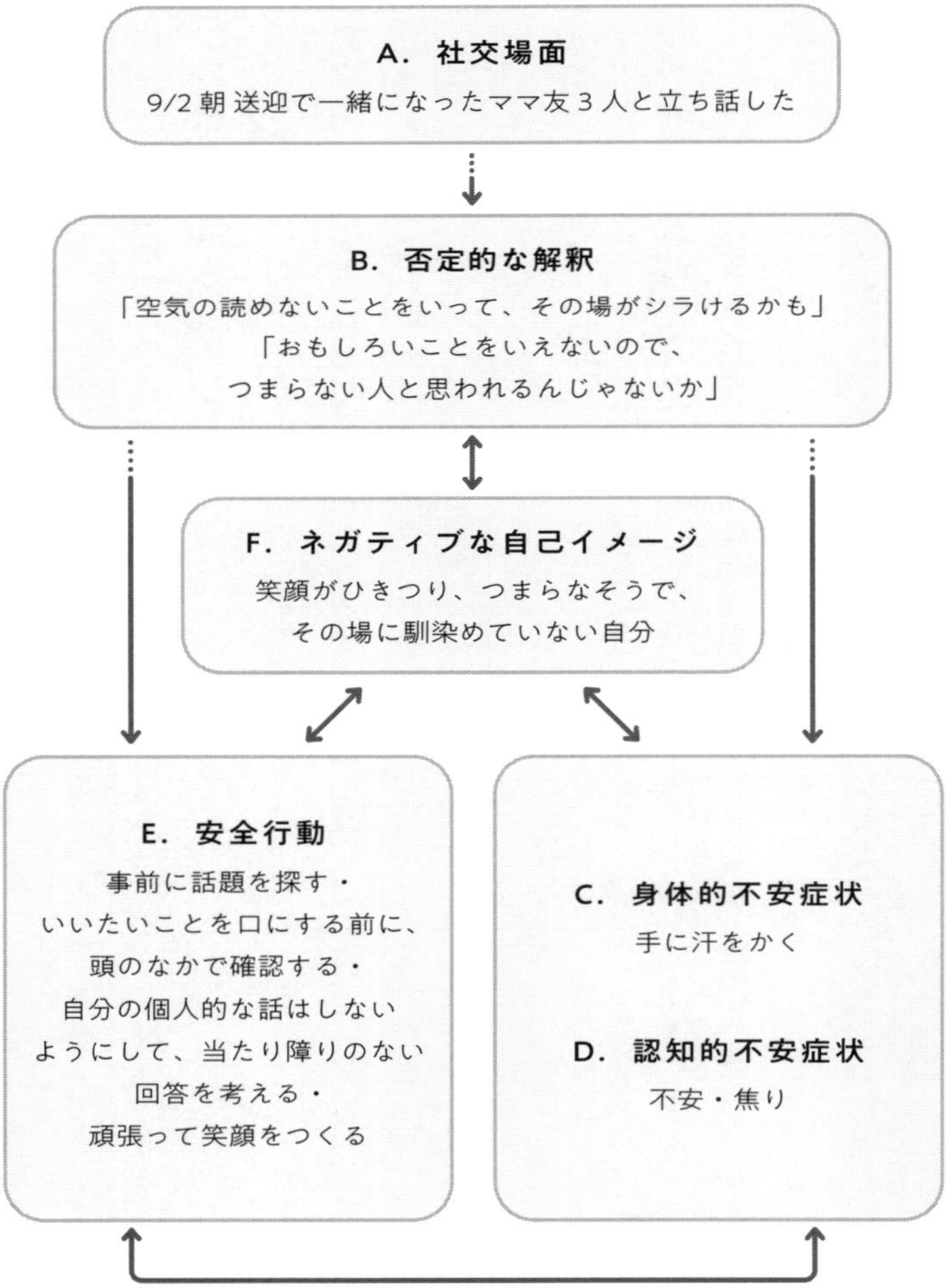
A. 社交場面
9/2 朝 送迎で一緒になったママ友３人と立ち話した
B. 否定的な解釈
「空気の読めないことをいって、その場がシラけるかも」
「おもしろいことをいえないので、
つまらない人と思われるんじゃないか」
F. ネガティブな自己イメージ
笑顔がひきつり、つまらなそうで、
その場に馴染めていない自分
E. 安全行動
事前に話題を探す・
いいたいことを口にする前に、
頭のなかで確認する・
自分の個人的な話はしない
ようにして、当たり障りのない
回答を考える・
頑張って笑顔をつくる
C. 身体的不安症状
手に汗をかく
D. 認知的不安症状
不安・焦り

ただ、これらの実験に取り組むことは高橋さんにとってハードルが高かったため、セラピストに相談し、観察型の行動実験を教えてもらいました。具体的には、**喫茶店に行ってほかの人たちの会話をこっそり聞き、どのような発言をしているのか・周りの人はシラケていないかを観察する**というものです。高橋さんがおこなった実験の内容と結果を見てみましょう。

観察型の行動実験では、自分が恐れているようなことが周りの人にも起こっていないかを観察するため、これまでの行動実験のように自分が主体となるものではなく、比較的ハードルが低い方法といえます。

［やってみよう！〈付属シート〉］

高橋さんの行動実験の結果①（観察型）

状況 恐れている社交状況や 社交場面	喫茶店
予想 何が起こると考えますか？ どのようにして わかりますか？ その確信度は？（0-100%）	ほかの人達は、雑談のなかで話題から逸れる話はしておらず、おもしろい話で盛り上がっている ●話題から逸れる話や、おもしろくない話があると、その場がシラケる（90%） ●会話が途切れる（80%） ●笑いが少なくなる（80%） ●早めに解散する（40%）
実験 予想を検証するために何をしますか？（安全行動と自己注目をやめることを意識しましょう）	●読書をしているふりをしながら、近くにいる人の会話を注意深く聞く
結果 何が起こりましたか？ 予想は正しかったですか？ （0-100%）	●女子高生3人の会話と、年配の女性2人の会話をこっそりと聞いた ●女子高生の会話は、知らない単語もいくつかあったが、本当にどうでもいい話題でゲラゲラ笑っていた。話題も次々と変わっていて、前後の脈絡はほとんどなかった ●年配の女性の会話は、共通の趣味に関することだった。途中で最近の天気に関する話題に移ることもあったが、基本的には趣味の話題だった。当たり障りのない話題のようだったが、それでも２人とも笑顔で雑談を楽しんでいるようだった ●不自然に会話が途切れることはなく、予想はまったく当たらなかった（0%）
学んだこと 実験から何を学びましたか？ 予想したことは現実になりましたか？ 納得がいかないことはありますか？ 今後どのような実験に取り組むとよさそうですか？	●冷静にほかの人の会話を聞いてみると、第三者からすると何がおもしろいかわからないようなことで雑談を楽しんでいた ●話題が途切れることがあっても、お互いに気にしているような様子はまったくなかった ●常に話題が一貫している、おもしろい話が出ている、というのは、雑談では少ないのかもしれない ●自分が送迎するときにも、この点を意識しながら雑談がどのようになっているか観察してみよう

▼もっと詳しく

観察型の行動実験は、いままでの行動実験と異なり、普段とっている安全行動を手放す必要はありません。ただし、目の前で起こっていることを正確に把握・観察するために、自己注目をやめて、外部注目をすることを忘れないようにしましょう。ほかの観察型の行動実験の例としては、ほかの社員のプレゼンを観察して、いい間違いやいい直し、言葉に詰まっていないかを確認する方法もあります。

行動実験②（高橋さん）

高橋さんは、いくつかの場面で観察型の行動実験をおこない、雑談中は話題から逸れるような発言があってもいい・おもしろいことを話さないといけないわけではないといったことに気づくことができました。

この気づきから、今度はママ友と雑談をする場面で、これまでの安全行動を手放しても問題ないかを検証してみました。特に、高橋さんは「いいたいことを口に出す前に頭のなかでチェックする」安全行動を手放すことを意識しました。

高橋さんがおこなった実験の内容と結果を見てみましょう。先ほどおこなった観察型の行動実験をとおして、「予想」の項目における確信度が低くなっていることにも注目しましょう。

［やってみよう！〈付属シート〉］ さらに挑戦的な行動実験をおこなってみたい場合は「わざと話題を変えてみる」方法もあります。

高橋さんの変化

高橋さんは、約4か月間認知行動療法に取り組んだことで『自分の発言が場の雰囲気を壊してしまうのではないかという恐れ』を克服しました。会話のなかで自分から発言できるようになったことで、ママ友の自宅に子どもと遊びに行ったり、少し遠方にある公園にピクニックに行ったりすることができるようになったのです。ママ友と一緒にランチに行くことも増え、長期目標も達成でき、日々の生活が充実するようになったそうです。

高橋さんの行動実験の結果②

状況 恐れている社交状況や社交場面	公園で一緒になったママ友との雑談
予想 何が起こると考えますか？どのようにしてわかりますか？その確信度は？（0-100%）	思ったことをそのまま口に出したら、その場がシラケる ●会話が途切れる（30%） ●笑いが少なくなる（20%） ●早めに解散する（10%）
実験 予想を検証するために何をしますか？（安全行動と自己注目をやめることを意識しましょう）	●頭に浮かんだことをそのまま口に出す ●「話題から逸れていないか」「おもしろいことをいわないといけない」といったことは一切考えない ●自分に注目するのではなく、相手の話している内容をしっかり聞いて、会話の内容に集中する
結果 何が起こりましたか？予想は正しかったですか？（0-100%）	●最初は自己注目をしている自分に気づいたので、相手の話に注意を向けるようにした ●会話に集中できるようになると、何よりも疲れなかったし、会話自体を楽しめた ●いろいろな話題について話したが、私がアニメが好きなことに関心を持ってくれて、会話が盛り上がった
学んだこと 実験から何を学びましたか？予想したことは現実になりましたか？納得がいかないことはありますか？今後どのような実験に取り組むとよさそうですか？	●頭のなかのチェックをやめることで、会話の内容自体を理解しやすくなったし、素の自分でいられるような感じがした ●何よりも雑談を楽しめたというのが一番よかった ●ほかの場面やほかの人を相手に、同じような実験をやってみよう

POINT

○『場違いなことをいって注目されるのがこわい』高橋さんは、「観察型の行動実験」などの認知行動療法を約4か月間おこないました。

○雑談中は話題から逸れるような発言があっても、おもしろいことを話せなくてもよいことに気づき、頭のなかに浮かんだことをそのまま口に出せるようになりました。

○ありのままの自分でいられるようになったことが、『場違いなことをいって注目されるのがこわい』を克服するきっかけになりました。

第5章

「視線恐怖」が改善されてきたら

再発しないためにできること

自分が自分のセラピストになる

認知行動療法で大事にされていることのひとつに「自分が自分のセラピストになる(Becoming your own therapist)」という言葉があります。**認知行動療法のさまざまな技法は、日常生活のなかに自分自身で取り入れられるものがほとんど**です。

病院やクリニックで認知行動療法を受け終えた人も、治療中に学んだ方法を日常生活のなかで継続的に実践しています。数多くの研究により、認知行動療法によって得られた効果は1年以上持続することがわかっています。

視線恐怖が改善してきたら、取り組んできたことを振り返りましょう。また、これまでの気づきや学んだことを今後どのように活かすかについての計画を立て、今後起こりうることへの対策（再発予防策）を考えていきましょう。**付属シートを使いながら、あなたの考えをまとめてみてください。**今後の対策・計画がなかなか思い浮かばなければ、身近な人に相談してヒントをもらってみるといいかもしれません。

不安や恐怖とは上手につきあおう

第1章でも説明したように、視線を感じる場面で不安や恐怖を感じることは自然なことであり、人が社会生活を営んでいくうえで必要不可欠です。そのため、**視線を感じる場面で不安や恐怖を「ゼロ」にすることを目指す必要はありません。**

あなたが感じてきた強い不安や恐怖は、最悪な事態の想定を大きく見積もってしまう「認知」の問題、その最悪な事態が現実に起こらないようにするために試みてきた対処としての「行動」の問題、さらに、自分にばかり注意を向け相手の反応を正確に捉えることができない「注意」の問題からきていたものと考えられます。

こうした問題が社交場面での不安を強め、「ありのままの自分」の登場機会が少なくなっていた、あるいは失われていたのでしょう。社交場面で「**ありのままの自分**」**を出せているかという視点**を大事にしながら、本書で学んださまざまな認知行動療法の技法を活用し、上手に不安や恐怖とつきあっていきましょう。

POINT

○日常生活のなかでも、継続的に認知行動療法で得られた考え方などを取り入れていきましょう。

○視線恐怖をゼロにするのではなく、自分なりのつきあい方を見つけていくことが大切です。

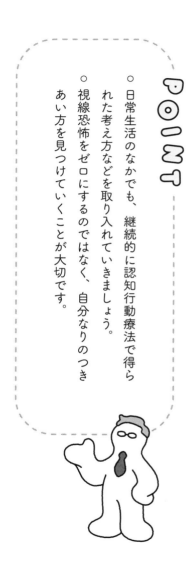

おわりに

社交不安症を抱える人のほとんどは、20歳までに発症しています。青年期に発症すると、対人関係の構築、初期のキャリア形成などに悪い影響を及ぼします。幸いなことに、「視線がこわい」「どう思われるのか気になる」などの社交不安症の症状は、認知行動療法で軽減できます。社交不安症を持つ人全員が認知行動療法を受けることができれば、視線恐怖に悩む人を大幅に減らすことができると信じていますが、日本では認知行動療法を提供できる診療施設も治療者も限られています。一方で、最近セルフヘルプ形式の認知行動療法でも治療効果が得られることがわかってきました。

ご自身の症状と照らし合わせながら本書を読み進め、勇気を出して認知行動療法の方法を実践することができたなら、それは素晴らしいことです。この本が、あなたの視線恐怖を減らすことに役立つことができたのであれば幸いです。

最後になりましたが、社交不安症の認知行動療法についてご指導くださいました千葉大学の清水栄司教授に、この場をお借りして御礼申し上げます。

松本一記・吉永尚紀

参考文献

第1章

- Meiji Seika ファルマ株式会社「《一般生活者600名の「社会不安障害（SAD）」に関する認識調査より》約7人に1人が「社会不安障害（SAD）」の可能性～「SAD」について「病気の内容まで知っている」のはわずか"5.5%"～」（2006年2月2日）（※1）
- 日本精神神経学会 日本語版用語監修『DSM-5-TR 精神疾患の診断・統計マニュアル』（医学書院, 2023/6）（※2）
- Heiser NA, Turner SM, Beidel DC. Shyness: relationship to social phobia and other psychiatric disorders. Behav Res Ther. 2003;41（2）:209-221.（※3）
- Yoshinaga N, Thew GR, Hayashi Y, et al. Preliminary Evaluation of Translated and Culturally Adapted Internet-Delivered Cognitive Therapy for Social Anxiety Disorder: Multicenter, Single-Arm Trial in Japan. JMIR Form Res. 2023;7:e45136.（※4）
- Matsumoto K, Hamatani S, Shiga K, Iiboshi K, Kasai M, Kimura Y, Yokota S, Watanabe K, Kubo Y, Nakamura M. Effectiveness of Unguided Internet-Based Cognitive Behavioral Therapy for Subthreshold Social Anxiety Disorder in Adolescents and Young Adults: Multicenter Randomized Controlled Trial. JMIR Pediatr Parent 2024;7:e55786（※5）
- Yoshinaga N, Matsuki S, Niitsu T, et al. Cognitive Behavioral Therapy for Patients with Social Anxiety Disorder Who Remain Symptomatic following Antidepressant Treatment: A Randomized, Assessor-Blinded, Controlled Trial. Psychother Psychosom. 2016;85（4）:208-217.（※6）
- 山内裕斗, 小野史典. 視線に関する不快感情尺度の作成, 及びメタ認知との関連. ストレス科学研究 2019, 34, 65-71.（※7）
- Mattick RP, Clarke JC. Development and validation of measures of social phobia scrutiny fear and social interaction anxiety. Behav Res Ther. 1998;36（4）:455-470.（※8）
- 金井嘉宏, 笹川智子, 陳峻雯, 鈴木伸一, 嶋田洋徳, 坂野雄二『Social Phobia Scale と Social Interaction Anxiety Scale 日本語版の開発』（心身医学, 2004年）（※9）

第2章

- Clark DM, Wells A. A cognitive model of social phobia. In: Heimberg G, Liebowitz MR, Hope D, Scheire F, editors. Social Phobia: Diagnosis, Assessment, and Treatment. New York: The Guilford Press; 1995, pp. 69-93.（※1）
- Butler G, Mathews A. Cognitive processes in anxiety. Adv. Behav. Res. Therapy. 1983;5（1）:51-62.（※2）
- Arntz A, Rauner M, van den Hout M. "If I feel anxious, there must be danger": ex-consequentia reasoning in inferring danger in anxiety disorders. Behav Res Ther. 1995;33（8）:917-925.（※3）
- Mansell W, Clark DM. How do I appear to others? Social anxiety and processing of the observable self. Behav Res Ther. 1999;37（5）:419-434.（※4）
- Hackmann A, Clark DM, McManus F. Recurrent images and early memories in social phobia. Behav Res Ther. 2000;38（6）:601-610.（※5）

第3章

- Clark DM. 4章 パニック障害と社会恐怖. In Clark DM, Fairburn CG.（Eds.）Scinece and Practice of Cognitive Behaviour Therapy. OXford, Oxford University Press; 1997.（クラーク DM & フェアバーン CG. 伊豫雅臣 監訳 認知行動療法の科学と実践. 星和書店; 2003, pp. 69-102）.（※1）
- Wells A, Clark DM, Salkovskis P, Ludgate J, Hackmann A, Gelder M. Social Phobia: The Role of In-Situation Safety Behaviors in Maintaining Anxiety and Negative Beliefs - Republished Article. Behav Ther. 2016;47（5）:669-674.（※2）
- Arntz A, Rauner M, van den Hout M. "If I feel anxious, there must be danger": ex-consequentia reasoning in inferring danger in anxiety disorders. Behav Res Ther. 1995;33（8）:917-925.（※3）
- Clark DM, Wells A. A cognitive model of social phobia. In: Heimberg G, Liebowitz MR, Hope D, Scheire F, editors. Social Phobia: Diagnosis, Assessment, and Treatment. New York: The Guilford Press; 1995, pp. 69-93.（※4）
- Bishop M, Rosenstein D, Bakelaar S, Seedat S. An analysis of early developmental trauma in social anxiety disorder and posttraumatic stress disorder. Ann Gen Psychiatry. 2014;13:16.（※5）

付属シートのご案内

● 内容

本書の付属シートは以下のとおりです。
・第３章で使用するシート
・第４章で使用するシート
・第５章で使用するシート
・本書で紹介している認知行動療法のエビデンス一覧

● ダウンロード方法

付属シートは、以下のサイトからダウンロードしてください。
https://www.shoeisha.co.jp/book/download/9784798185071

※付属シートのファイルは圧縮されています。ダウンロードしたファイルをダブルクリックすると、ファイルが解凍され、ご利用いただけます。
※図書館利用者の方もダウンロード可能です。

● 注意

※付属シートの提供は予告なく終了することがあります。あらかじめご了承ください。

● 免責事項

※付属シートに記載されたURL等は予告なく変更される場合があります。
※付属シートの提供にあたっては正確な記述につとめましたが、著者や出版社などのいずれも、その内容に対してなんらかの保証をするものではなく、内容やサンプルに基づくいかなる運用結果に関してもいっさいの責任を負いません。
※付属シートに記載されている会社名、製品名はそれぞれ各社の商標および登録商標です。

著者紹介

松本一記（まつもと・かずき）

鹿児島大学病院臨床心理室 研究准教授

2018年千葉認知行動療法研修システム修了、2019年大阪大学大学院連合小児発達学研究科修了（小児発達学博士）。千葉大学医学部附属病院認知行動療法センター研究員、金沢大学国際基幹教育院助教を経て、2022年より現職、2023年1月に研究准教授の称号を授与される。臨床心理士、公認心理師。専門は、精神疾患と神経発達症の認知行動療法、自助プログラムの開発。日本不安症学会評議員。2022年度日本不安症学会学術賞受賞。2023年「認知療法研究」最優秀論文賞受賞。北海道札幌市で生まれ育ち、これまでに、東京、千葉、徳島、金沢、福井、広島、鹿児島で臨床および研究活動に従事。

吉永尚紀（よしなが・なおき）

宮崎大学医学部看護学科 教授

2007年千葉大学看護学部卒業、2009年宮崎大学大学院医学系研究科看護学専攻修士課程修了（看護学修士）、2013年千葉大学大学院医学薬学府博士課程修了（医学博士）。千葉大学医学部附属病院看護師、日本学術振興会特別研究員（DC2・PD）、宮崎大学テニュアトラック推進機構講師、宮崎大学医学部看護学科准教授を経て、2022年より現職。看護師、保健師、公認心理師、Academy of Cognitive and Behavioral Therapies（米国認知行動療法協会）認定認知行動療法士。専門は認知行動療法・精神看護学。日本認知療法・認知行動療法学会幹事。日本不安症学会理事。

デザイン　APRON（植草可純、前田歩来）
イラスト　若田紗希
本文DTP　BUCH⁺

「他人《ひと》の目が気になる・こわい」から抜け出す

2024年10月25日　初版第1刷発行

著　者　松本一記《まつもとかずき》、吉永尚紀《よしながなおき》
発行人　佐々木幹夫
発行所　株式会社 翔泳社（https://www.shoeisha.co.jp）
印刷・製本　日経印刷 株式会社

ISBN978-4-7981-8507-1
Printed in Japan